経済統合と通商秩序の構築

川島 哲 著

晃 洋 書 房

は じ め に

　本書は拙著書第3弾となる。前回の単著書を上梓してから約6年の歳月が過ぎた。

　この間，恩師2人が鬼籍に入った。自らも齢を重ね，戦国時代であれば生涯を終えている年齢となった。

　今思い起こすと，研究者の道を歩み始めたときに，恩師に繰り返し言われたことがある。「1年に必ず2本は研究論文を書くこと。そうでなければ研究者生命がなくなる」「将来は単著書を出せるようになれ」と。

　この教えを忠実に守ることがいかに大変であるかを専任講師として大学教員の道を歩み始めたころ知った。

　少子化から私学の半分以上がいわゆる定員割れとなるなか，特に小生が勤務する地方都市などはパイの奪い合いで少し油断すると定員割れになる。そのような状況で，教育はもちろん，学内行政に忙殺されることは地方私大に身を置いた経験のある者には多言は要さない。

　そのような研究環境下で研究を地道に継続することは，容易なことではない。しかし，大学教員である以上はどんな環境にあっても，研究ができないというのは言い訳としかならない。仮に世間に認められなくても著書として世の中に問うことは必要である。論文と異なり，著書は都市の大手の書店をはじめ全国津々浦々の書棚にあり，公共図書館にもあり，老若男女が気軽に手に取れるということは，研究を広く世に問う醍醐味である。2人の恩師には見せることはできなかったが，あの世で喜んでいただけるとうれしい。

本書においては拙著第 2 弾（『アジアの地域連携戦略』晃洋書房，2011 年）においてふれたアジアの地域連携について，メコン川流域地域への企業進出に関して制度，実態がいかなる状況にあり，それが学問的にいかに裏付けられるか。そして近年の東南アジアは将来を見据えた上でいかなる針路をとりうるのか。それを考える際に何が重要なキーワードになるのかを考察したものである。

　筆者は現在，北陸の金沢に居を構えている。その北陸に位置する企業，特に石川県内企業のうちどれほどが東南アジア，ひいてはメコン川流域地域へ進出しているのか。今後進出する際の参考になるものはなにかという問題関心のもとに記述されている（特に補論参照）。

　日本企業がメコン川流域地域への進出をしはじめたのは 21 世紀以降であり，最後のフロンティアとよばれるミャンマーについては 2011 年民政後に新たな国づくりが行われ間もない。このようななか日本企業がまた北陸企業がいかに今後関わっていくのかという視点で書いたものである。

　以下，本書での章構成について記述する。

　序章については，経済連携，経済統合と呼ばれるものの理論や簡単な歴史等について概観することにより，全体を俯瞰する形の章にした。それに加え，WTO とメガ FTA（TPP，RCEP，日中韓 FTA など）をいかに結び付けていけるか，また，メガ FTA の WTO 化について考察した。それに加え，北陸企業，特に石川県内企業がアジア各国にいかに進出しているのか。そしてメコン川流域地域への進出にはどのような問題があるのかという視点で最後に締めくくった。

　第 1 章は，劇的に変化するインドシナ諸国の今後を考察する意味での 1 つの手がかりをえるため，変化の背景には，どのような要因があるの

かを洗い出し，またその要因を考察する上でいかなる方策が考えられるのかを主たる問題関心とする。その1つの手がかりとして考えられる地域連携というキーワードで検討してみた。

第2章は，2012年現在の東アジア共同体構想からみたASEAN諸国の紐帯は現在にいかにつながってきているのかを考察した。

第3章は，2013年時点の東アジアの地域連携にみる日本の戦略的政策に関して考察したものである。最初に中国にふれた。それは中国の動向を考察していくことでほかのアジア諸国がいかなる影響を受け，今後いかなる針路をとりうるかの1つのヒントになると考えたからにほかならない。

第4章は，2015年12月末に発足したASEAN経済共同体（AEC）について2014～2015年時点を中心として考察を行ったものである。具体的には，第1に，日本企業とASEANとのつながり，第2に，AECに関しての議論はいかに行われてきたのか，そして統合におけるASEANの実態はいかなるものなのか，第3に，AECとはそもそもいかなるもので，いかなる特徴を有しているのか，第4にFTAやWTOほか多角的貿易体制との関係はいかなるものか，第5に，AECへの提言について記述したものである。

第5章は，メコン川流域開発（GMS）に焦点をあて，それがASEAN経済共同体（AEC）構想といかにリンクし，また，今後のインドシナにおける経済連携構想をどう牽引していくのかという視点で考察したものである。

第6章は，ASEAN経済共同体（AEC）の発足に伴い，メコン川流域の越境というキーワードにその問題関心の中心を据えた。というのは，最もホットな地域とよばれる当該地域が今後，その将来像を描こうとす

る際に，ASEAN 経済共同体（AEC）発足に伴いいかなる開発がなされようとするのかは，アジアのみならず世界が注目していることであり，今後の世界の経済を占うという面でも大変重要であると感じるからである。

　第7章は，2015年12月末の ASEAN 経済共同体（AEC）発足に伴う経済連携は現在いかなる状況にあり，今後いかなる潮流のもと進もうとしているのか，そしてそこにいかなる課題があるのかを先行研究を中心として考察したものである。具体的には，まず，第1に経済開発に関しての先行研究，第2に地域連携に関しての先行研究，第3に ASEAN の域内経済連携と今後の潮流という視点で考察を行った。

　第8章は，1990年代後半から WTO の停滞等からその動きを活発化させてきた FTA 及び EPA に関して，いわゆる FTA 時代と呼ばれる今日の動向のなかから見えるアジア太平洋地域の新たな通商秩序をその問題関心の中心に設定して考察したものである。

　補論は，メコン川流域と北陸企業とした。筆者が住む北陸地域の企業はメコン川流域地域へいかにして進出し，今後いかなる可能性があるのかという視点で記述した。

　本書刊行に際しては，出版費用の一部として，平成28年度金沢星稜大学研究成果出版助成費を受けた。厚く感謝申し上げたい。

　晃洋書房編集部の丸井清泰氏及び福地成文氏には本著へ精神的後押しも含め大変なご助力を賜った。厚く感謝申し上げたい。

　　2017年1月金沢にて

川　島　　哲

目　　次

はじめに

初出一覧

序　章　経済連携とメガ FTA ……………………………………… *1*

1．経済統合とは　　*(2)*

2．地域経済統合のメリット　　*(6)*

3．地域主義に対しての批判　　*(11)*

4．メガ FTA と WTO　　*(19)*

第1章　インドシナ諸国の変貌にみるメガ FTA 及び国際通商秩序

…………………………………………………………… *31*

1．日本の通商政策と東南アジア諸国の現状　　*(34)*

2．環太平洋経済連携協定（TPP）と東アジア包括的経済連携協定

（RCEP）　　*(43)*

おわりに　　*(49)*

第2章　東アジア共同体構想からみた ASEAN 諸国の紐帯 ……… *55*

はじめに　　*(56)*

1．日本企業と ASEAN とのつながりの経緯　　*(57)*

2．チェンマイ・イニシアティブ（CMI）　　*(57)*

3．東アジア共同体にみる ASEAN の実体（統合面）　　*(61)*

vi

  4．地域貿易協定と多角的貿易体制（WTO などとの多角的貿易体制）との

   関係　*(63)*

  5．東アジア共同体構築への提言　*(66)*

 おわりに　*(71)*

第 3 章　東アジアの地域連携からみる日本の戦略的政策 ………… *73*

 はじめに　*(74)*

  1．中国の近年の経済の動向　*(74)*

  2．TPP と日本　*(78)*

 おわりに　*(79)*

第 4 章　ASEAN 経済共同体（AEC）からみた東南アジアの将来的

   方向性 ……………………………………………………… *83*

 はじめに　*(84)*

  1．日本企業と ASEAN とのつながりの経緯　*(85)*

  2．AEC についての議論と AEC にみる ASEAN の

   実体（統合面）　*(87)*

  3．AEC の内容　*(88)*

 おわりに　*(89)*

第 5 章　メコン川流域開発（GMS）からみた ASEAN 経済共同体

   （AEC）構想及び，インドシナにおける経済連携構想 … *91*

 はじめに　*(92)*

  1．地域連携等についての先行研究　*(96)*

  2．近年における中国及び東南アジア経済の現状　*(96)*

目　　次　vii

　　3．ミャンマーへの日本進出企業の経済連携　　（97）

　　4．ASEAN 経済共同体についての動向　　（100）

　　5．メコン川流域開発（GMS：Greater Mekong Sub-region）　　（101）

第6章　ASEAN 経済共同体（AEC）の発足からみたメコン川流域
　　　　の越境 ……………………………………………………………… 107

は じ め に　　（108）

　　1．メコン川流域の現状　　（109）

　　2．メコン川流域開発（GMS：Greater Mekong Sub-region）と
　　　　インフラ開発　　（112）

　　3．ミャンマーとメコン経済圏　　（114）

お わ り に　　（117）

第7章　ASEAN 経済共同体（AEC）発足に伴う経済連携の現在と
　　　　今後の潮流と課題 ……………………………………………… 119

は じ め に　　（120）

　　1．経済開発に関しての先行研究　　（121）

　　2．地域連携等についての先行研究　　（124）

　　3．ASEAN 域内経済連携の近年の潮流　　（127）

お わ り に　　（130）

第8章　WTO と FTA・EPA 及びメガ FTA ……………………… 133

は じ め に　　（134）

　　1．東アジアの経済統合　　（135）

　　2．GATT・WTO の時代から FTA の時代へ　　（136）

３．FTA と APEC　　(*138*)

４．APEC とサービス貿易　　(*139*)

５．TPP の特徴とその影響　　(*141*)

お わ り に　　(*144*)

補　論　メコン川流域開発と北陸企業 …………………………………… *149*

略 語 一 覧　　(*161*)

参 考 文 献　　(*167*)

索　　　引　　(*179*)

初 出 一 覧

序章「経済連携とメガ FTA」（書下ろし）。

第 1 章「インドシナ諸国の変貌にみるメガ FTA 及び国際通商秩序」
（「インドシナ諸国の変貌にみるメガ FTA 及び国際通商秩序」『金沢星稜大学論集』
50（1），2016 年に加筆修正）。

第 2 章「東アジア共同体構想からみた ASEAN 諸国の紐帯」（「東アジア
共同体構想からみた ASEAN 諸国の紐帯と今後の課題」，環日本海国際学術交流協
会『環日本海地域の協力・共存・持続的発展』環日本海国際学術交流協会，2012 年
に加筆修正）。

第 3 章 「東アジアの地域連携からみる日本の戦略的政策」（"The strate-
gic policy of Japan by referring to the regional cooperation in East Asia," 『金沢星稜
大学論集』47（1），2013 年を翻訳後，加筆修正）。

第 4 章「ASEAN 経済共同体（AEC）からみた東南アジアの将来的方向
性」（「ASEAN 経済共同体（AEC）からみた ASEAN 諸国における経済連携構想」
『金沢星稜大学論集』49（1），2015 年 に加筆修正）。

第 5 章「メコン川流域開発（GMS）からみた ASEAN 経済共同体（AEC）
構想及び，インドシナにおける経済連携構想」（「GMS と東アジア経済共同
体からみたインドシナにおける経済連携構想」『金沢星稜大学論集』48（2），2015 年
に加筆修正）。

第 6 章「ASEAN 経済共同体（AEC）の発足からみたメコン川流域の越
境」（「メコン川流域の越境とその将来像——ASEAN 経済共同体（AEC）発足に伴

う開発とともに——」『金沢星稜大学論集』49(2)，2016 年に加筆修正)。

第 7 章「ASEAN 経済共同体（AEC）発足に伴う経済連携の現在と今後の潮流と課題」（「ASEAN 経済共同体（AEC）発足に伴う経済連携の現在の潮流に関する現状と課題」『金沢星稜大学論集』49(2)，2016 年に加筆修正)。

第 8 章「WTO と FTA・EPA 及びメガ FTA」（書下ろし)。

補論「メコン川流域開発と北陸企業」（書下ろし)。

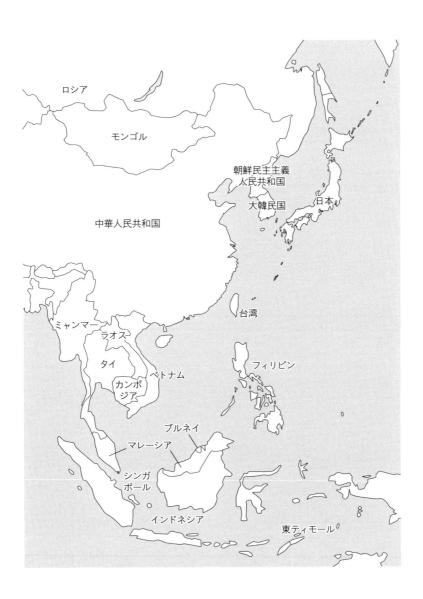

序　章

経済連携とメガ FTA

まず，本章においては経済連携，経済統合と呼ばれるものの理論や簡単な歴史等について概観して全体を俯瞰したい。それに加え，WTO とメガ FTA（TPP，RCEP，日中韓 FTA など）をいかに結び付けていけるか。メガ FTA の WTO 化，WTO のメガ FTA 化はどのような形で動くのか，動かないのかについて考察していく。

現在 2001 年に開始された WTO ドーハラウンドが停滞している。交渉分野としては当初，農業や鉱工業，知的財産権，開発，環境，サービス，貿易円滑化，ルールの 8 つの分野を対象としてきたが，先進国及び発展途上国の間の利害対立が解消できなかったからである。そして交渉に関しては比較的進んでいる分野で進めていくことが 2011 年 12 月のジュネーブでの WTO 閣僚会議で決定された。翌 2013 年 12 月のバリでの第 9 回 WTO 閣僚会議においては貿易円滑化，農業の一部，環境の 3 つの分野に限り部分合意を目指していくことになった（バリ・パッケージ合意）。ポストバリ・パッケージ合意において雲行きがあやしくなり，TPP，TTIP といったメガ FTA を中心に通商秩序が動き始めている［馬田 2015：3-5］。

これら交渉の推移をみてみることで今後いかに通商秩序が変わってくるのか，そしてどうしていくことがよりよい通商秩序を構築していくことになるのかを考えていく。いままでいかなる理論があり，そこでどのような主張が行われてきたのか。それは GATT や WTO にはたまた FTA や EPA にいかなる関連性があるのかを考察していきたい。

1．経済統合とは

本章においては，経済連携等の各種理論を概観することを目的とする。

経済統合は「事実上の統合」と「制度的統合」の2つに大別することができる。前者は，各国・地域が自発的に貿易投資を進めることにより，国境を越えた貿易が活発化する。それによって貿易をはじめとして域内諸国との相互依存関係をより一層緊密化させるものである。1980年代半ば以降，輸入代替工業化に行き詰まり，アジア諸国との貿易投資活動の活発化によって企業の生産拠点間を結ぶ生産物流ネットワークが発達した。そして直接投資へとつながっていくのである。

　他方，後者は，国境を越えて貿易を活発化させるためには，関税手続きをはじめ基準認証，通関手続き等の様々な非関税障壁を撤廃しなければならない。そのためには国家間の合意を求めなければならない。そのために行われるのが制度的統合である［黒岩 2015：221-24］。こうした考え方が1993年のAFTA（ASEAN自由貿易地域）を発効させていくことになる。それが今世紀に入ってからのFTAへとつながっているのである。

　ではGATT（General Agreement on Tariffs and Trade：関税及び貿易に関する一般協定）及びそれが1995年に発展的に解消され生まれたWTO（World Trade Organization：世界貿易機構）という戦後の体制はいかなるものであったか。

　そしていわゆる「グローバル化」に伴う潮流のなかで先進国や発展途上国はどのような貿易における障壁撤廃の交渉等を行ってきたのだろうか。

　そもそも貿易における障壁撤廃交渉の牽引役であったのがGATT/WTOであった。しかし，1990年代からのウルグアイラウンド，2000年以降のドーハラウンドの遅滞をみてもその話し合いが滞っている状況の中，21世紀に入ってからは，FTA（Tree Trade Agreement：自由貿易協定）やEPA（Economic Partnership Agreement：経済連携協定）といった2カ

国・地域を中心とした交渉が進んでいる状況にある。このような潮流において今何をなすべきかを考える際に，その簡単な歴史を振り返り，根拠となる理論はどういったものであったかを考えていく必要があるだろう。

Balassa［1961］によれば，経済統合はその程度により，

① 自由貿易地域[1]
② 関税同盟
③ 共同市場
④ 経済同盟
⑤ 完全なる経済同盟

の5つにステージがある。

島野［1963］によれば，経済統合は，戦後の特徴である経済的地域主義の表現形態の1つである。経済的地域主義には，調整（Co-o-dination），協調（Co-operation），統合（Integration）の3つの段階があり，そのなかにおいて統合は加盟国間の経済的協調を目的とするばかりではなく政治的社会的一致をも包含しており，最高のステージとされている［島野 1963：35-37］。

経済統合には静態的効果と動態的効果の2つがある。

このうち，前者はさらに貿易創出効果（Trade Creation Effect）と貿易転換効果（Trade Diversion Effect）[2]という2つの効果に分類される。まず，貿易創出効果は，経済統合が開始されるとその経済統合の域内において，さらに貿易が始まり，生産費の高い国から生産費の低い国へ貿易を移動させていくことである。

そこで「貿易創出」及び「貿易転換」という表現は生産効果の一面を

示しているに過ぎない。バラッサは，これを一層厳密に表現すれば正の
生産効果，つまり，生産費のより高い供給源からより低い供給源への購
入の移動により，起こる生産費の節減である。負の生産効果とは，域内
加盟国において同一商品の生産費がより高くなることである〔Balassa
1961：邦訳 35-36〕。

　どうしてこれらが静態的効果であるかといえば，既存産業における状
態が変化しない，換言すれば静態的（statie）という前提で観察されるた
めである。

　では後者の動態的効果とはどのようなものであるか。

　この動態的効果は生産性上昇効果と資本蓄積効果の2つに大別される。
これらは，比較優位（comperative advantage）と呼ばれる概念に関連して
いる。比較優位とは，端的に言えば「自らの国の得意分野」という意味
である。発展途上国において，自らの国における意義という点では，前
提として他国と比較して生産技術面で優位ではなくても，比較優位を有
する商品（産業）は存在するという考え方である。つまりどの国におい
ても何かしらの得意分野はあるということである。

　しかし，現実的にみるとグローバリゼーションの潮流著しい今日にお
いては，比較優位というより，絶対優位的な考え方により貿易形態が行
われているという主張も存在している。

　話をもとに戻すと，動態的効果とは比較優位における競争効果，収穫
逓増といった効果と同種の意味合いを有している。これらの競争効果，
収穫逓増効果がFTA域内において生じ始めることで，生産性が向上し，
投資が活発化するということを意味している。

　ここで上記の内容を少しまとめてみる。

　貿易の理論でみるといかなる国においても比較優位は存在し，そのセ

クターを特化することで貿易の利益を得ることができる。と同時に現実面では絶対優位も存在していることも事実である。これにより，現実では絶対優位による輸出により輸出のチャンスを逸してしまう国・地域も存在している。こうした事態が WTO において話し合いを行っても議論が停滞し前進しないという現在につながってくる。これが WTO の大きな課題であり，21 世紀以降に FTA が活発化した大きな理由であり，今後の大きな課題でもある〔石戸 2015：80-91〕。

2．地域経済統合のメリット

地域経済統合のメリットとしては，貿易創造効果，域内の競争促進効果，域内の所得増大に伴う域外からの輸入増大効果があげられる。このほか，自由貿易協定交渉等，地域統合推進の過程における経験が WTO というマルチの場で活かされるという効果も期待できる。現に，NAFTA はサービス貿易，知的所有権等，GATT 体制下ではカバーされなかった分野をも含んでおり，それが WTO に与えた効果は無視できない。

地域統合のデメリットとしては，最も効率的な域外の供給国からの輸入に代って効率性の面で劣る域内の供給国からの輸入が増える貿易転換効果，域内を優先することに伴う競争阻害効果が考えられる。[3]

(1) バラッサ＝サミュエルソン効果（Ballasa-Samuelson Effect）

バラッサ＝サミュエルソン効果とは（発展途上国のように）経済成長率が高い経済では実質為替レートが急激に切り上がる傾向にあり，実質所得水準が上昇するほど相対的に物価水準が高くなる傾向にあるという経

験的な現象を理論的に説明するものである。

　まず，モデルの前提としては，(1)貿易財に関してのみ「一物一価の法則」が成立，(2)貿易財部門の生産性の上昇率は非貿易財部門の生産性上昇率よりも相対的に高い，(3)財・生産要素市場では完全競争が成立（小国の仮定，世界金利は所与）している，(4)国際間における資本移動は完全である，(5)労働の総供給量は一定で，かつ国際間の移動はなく，各々の国において単一の労働市場が存在する，(6)ワルラスの法則が成立している等がある。なお，いずれの仮定についても，厳密には中国においては成立していないことは留意されるべきである。[4]

(2)　FTAの思想と理論

1）リストの思想

　フリードリッヒ・リスト（Friedrich List：1798-1846）は19世紀の経済学者でドイツ歴史学派の先駆者である。リストはアダム・スミス（Adam Smith）の自由貿易論を批判し，自由貿易主義は経済の発展段階が等しい国の間では適用できる。しかし英国の主張する自由貿易はその覇権主義に過ぎないとした。

　そして，経済発展の初期のステージにおける保護貿易を主張する。リストはその主著『政治経済学の国民的体系』(1841)において関税同盟に言及しており，リストの学説は，その後，19世紀後半においてドイツの保護主義の根拠ともなった。それに加え，後の途上国の輸入代替工業化政策や幼稚産業保護論にもつながった（発展途上国の保護貿易論）[清水2002：28-29]。

2) ケインズの自由貿易同盟論

ケインズ（John Maynard Keynes : 1883-1946）は，リスト以降，今日まで発展する関税同盟に大きな影響を与えた『平和の経済的帰結』（1918）のなかで欧州の平和と秩序をもたらすものとして「自由貿易同盟」を提唱している。

ケインズは，ここにおいて自由貿易関税同盟は中央・東・東南ヨーロッパの全域，シベリア，トルコ，イギリス，エジプト，インドから構成されるとしている。そして，その後ベルギー，オランダ，スカンジナビア諸国，スイス，イタリア，フランスの加盟が期待されると記述している。

戦後の国際経済秩序にも大きく影響した理論の1つである［清水 2002 : 29］。

3) ヴァイナーの関税同盟理論

ヤコブ・ヴァイナー（Jacob Viner : 1892-1970）は新古典派貿易理論を構築した中心人物である。

1958年のEEC結成を巡って関税同盟，経済統合に関する経済学者の研究・論争が盛んに行われた。GATT（General Agreement on Trade and Tarrifs）成立以降，特にEEC（European Economic Community : 欧州経済共同体）の結成時に，この自由貿易理論との関係で自由貿易協定（関税同盟）に関して最初に理論的解明を行ったのはヴァイナーである。ヴァイナーは，*The Custom Union Issue*［1950］で関税同盟の理論を提示し，関税同盟の効果を「貿易創出効果」と「貿易転換効果」に2つに分けて分析を行った［清水 2012 : 81-83］。

4）バラッサの経済統合理論

　こうした経済統合についての研究・論争を集大成したのがバラッサの『経済統合の理論』(1961) である[5]。バラッサは，貿易創出効果及び貿易転換効果は生産効果の１つの局面をカバーしているに過ぎないとし，割高となる供給源から割安の供給源への需要のシフトにより生み出される生産費の節減（正の生産効果）及び，第三国以上に同盟国の生産費が高騰する規模（負の生産効果）とを区別する。その上で，正＞負の場合に初めて世界全体として利益をもたらすと指摘している。また，ヴァイナーは触れていないが，同盟国内の生産効果との区別にも触れている点で出色である［島野 1963：35-37］。

　バラッサの経済統合の諸段階をまとめてみると，第１段階として，自由貿易協定があげられる。これは，協定を結んだ加盟国からの輸入品に対する関税及び数量割当の撤廃を目的とするものである。

　第２段階として，関税同盟があげられる。これは協定非加盟国に対する関税の均等化を目的とするものである。

　第３段階として，共同市場があげられる。これは，生産要素移動に対してその制限を除去した形での関税同盟を指す。

　第４段階として経済同盟があげられる。これは，各国経済政策の調和化を伴った形態での関税同盟である。そして最も高いレベルのステージとして，完全な経済統合がある。これは，金融政策，財政政策，社会政策を目的としている［Balassa 1961］。

5）ヘクシャー＝オリーン・モデル（Heckscher-Ohlin model）

　伝統的な貿易理論においては，各国間における生産要素は移動しないものと仮定している。そこで出てくる問題は，生産要素の移動がないと

仮定した場合に商品移動のみにより取引両国の間で生産要素価格の均等化がもたらされることになるか，若しくは，少なくともそういう傾向が生じるといえるか否かということである。

　これに取り組んだのが，ヘクシャー（Eli Filip Heckscher）とオリーン（Bertil Gotthard Ohlin）であった。彼らによれば，生産要素の価格は，貿易の結果均等化する傾向があるという。具体的には，生産関数が同一であり，生産要素が質的に同じと仮定するならば，生産要素の賦存状態が異なると，その結果，質の多い生産要素の価格は相対的により低くなり，逆に量の少ない生産要素の価格は相対的に高くなる。しかし，貿易が行われることにより，生産要素価格の比率の差は縮小する。なぜなら，貿易取引を行う国は，量の多い生産要素を多く使うよう製品を輸出し，量の少ない生産要素を多く使うような製品を輸入するからである。

6）P. A. サミュエルソン（Paul Anthony Samuelson）

　サミュエルソンの理論は，二国間，二商品間，二生産要素を前提としている。商品取引により，生産要素価格の完全なる均等化がもたらされる条件について言及した。そしてより一般的貿易状態にその分析をしている。

　彼の結論としては，商品移動により，生産要素価格が均等化される条件は限定的なものである。現実的にはあまり考えることが少ない，しかし，生産要素価格が均等されなくても，貿易を行うことで，生産要素価格に関しての不均等性の程度が縮小する可能性はあるといえる。よって商品移動が，生産要素価格にチアして均等化効果をもつと思われる。貿易の自由化が発展することにより，生産要素価格の差異が縮小し，生産効率は引き上げられることになると論じている。

しかし，これらは，静態的な色彩による。これが妥当化されるには，技術の変化もなければまた需要状態に変化がないことが前提とされなければならない。他の事情に変化がないという前提にたてば，関税同盟内においては，貿易の結果，生産要素価格の差異は低減される。しかし，その場合の条件として，生産諸条件が加盟国間において大きな差異がないことが必要条件となる［Balassa 1961：邦訳 105-108］。

3．地域主義に対しての批判

近年の地域主義の隆盛に対し，すべての経済学者が賛成しているわけではない。国際経済学者のなかから批判的な見解も表明されている。その代表的なものはバグワティ（Jagdish Bhagwati）によるものである。地域主義は WTO の原則に反するとして，近年の地域主義的傾向を批判し，世界貿易秩序の再構築を主張している［Bhagwati 1991；2002；清水 2002：30］。

（1） WTO との整合性
１）最恵国待遇と自由貿易協定の矛盾

WTO にはいくつかの原則がある。そのうち最も重要なのは，関税等について特定の国を有利（不利）に遇してはならないという「最恵国待遇（MFN：Most Favored Nation Treatment）」（第 1 条）である。FTA においては特定の国・地域と関税を撤廃することはこの MFN に反している。そのため WTO は FTA の締結に際しては，一定の条件を課している［清水 2002：31］。

（2）　輸入代替工業化

　まず，経済学で GDP（Gross Domestic Products：国内総生産）を学ぶと必ず出てくる式として，

$$Y = C + I + G + (Ex - Im)$$

がある。この Y は GDP を意味する，この GDP を構成する要素として C（消費）＋ I（投資）＋ G（政府支出）＋（Ex（輸出）－ Im（輸入））がある。（Ex（輸出）－ Im（輸入））は純輸出とも呼ばれている。

　換言すれば GDP を上昇させるにはこれらの右辺の要素を上昇させる必要がある。そのなかでも大きな割合を占めているのが，C（消費）である。この消費を促すために，政府等が様々な景気対策を打ち出しているのは周知のとおりである。

　輸入代替工業化とは，このうち Im（輸入）を少なくして国内でその分生産して左辺の Y（GDP）を拡大させて国内所得を上げそれにより C（消費）を促し経済発展をしていくという政策である［石戸 2015：78-80］。

（3）　輸出志向型工業化政策

　輸出志向型工業化政策とは，上述の Ex（輸出）を促しそれにリンクさせ左辺の国内供給である Y（GDP）を増加させ経済的に発展させようという政策である。

　日本の産業を振り返ってみると自動車産業を例にとれば，輸入代替工業化の後，1960 年代から輸出志向型工業化政策へシフトさせた。同様に，家電製品業界は輸入代替工業化から 1970 年代に輸出志向型工業化政策へ転換，半導体業界も輸入代替工業化から 1980 年代に輸出志向型工業化政策へシフトさせた。

アジア諸国をみても，NIES は 1960 年代以降に輸入代替工業化から輸出志向型工業化政策へ，ASEAN 諸国は 1980 年代以降に輸入代替工業化から輸出志向型工業化政策へシフトしている。

このようにアジア諸国・地域では経済発展において，輸入代替工業化から輸出志向型工業化政策へという過程をたどっている［石戸 2015：78-80］。

(4) 輸出志向工業化と外国資本の誘致

戦後，多くの発展途上国は，上述したように輸入代替工業化という政策を採った。これは，輸入していた工業製品に高関税を課すことで輸入を制限する政策であるが，もちろん，原材料はその例外である。それまでの海外からの輸入に代わって国内で工業製品を製造することにより産業を育成するというものである。

それにより国内市場が飽和したのちは，輸出志向型工業化政策に転換した。輸出により国内需要の不足分をカバーしていった。こういった輸出志向型工業化政策の成功をフォローしていったのが，対内直接投資の自由化及び積極的な誘致政策である。アジア各国においては，輸出加工特区としてインフラが整備された工業団地が造成されることとなった。それに加え外資系企業に税制優遇策等を提供した。これにより外資の直接投資を誘致していった。

マレーシアやタイにおいては，1980 年代に輸出をその条件として 100%外資企業設立を認可してその直接投資市場としての魅力を高めた［田中 2015：95-103］。最近のミャンマーの例を取り上げても，2014 年 1 月制定の改正経済特区法で 3 カ所（ティラワ，チャオピュー，ダウェー）が経済特区（SEZ）として指定された。チャオピューは，中国国有企業を

コアとするコンソーシアム（企業連合）により開発が行われることが決定した。[6]

また，ミャンマーでは外資系銀行に対しても近年大きな変化が起こっている。

2011 年の民政移行前には，軍事政権が 23 年間続き，それ以前の社会主義時代も含め，資本主義的な経済構造になっていないのがミャンマーの状況であった。民政移管後には本格的に資本主義を稼働させるために，上述の外資関係の法律等を改正し，金融セクターにおいてもそのノウハウの習得を含め外資系金融機関に門戸を開いた。

そして，その具体的な動きが，2014 年 10 月に行った日本の 3 メガバンクを含む 6 カ国 9 行への免許交付である。2016 年には，外資系銀行導入第 2 弾として，4 カ国・地域の 4 行に免許交付が行われた。[7]

これからミャンマーは最後のフロンティアと呼ばれアジアの中でも大きく変貌していくと考えられ注視していく必要がある。それとともにミャンマーを含むインドシナ諸国，またメコン川流域開発（GMS）の開発により劇的に変化していく地域として世界の注目を集めている。

また，証券に関しても近年ミャンマーでは大きなうねりが生じている。ミャンマー発の証券取引所である「ヤンゴン證券取引所（YSX）」は 2016 年 3 月 14 日，3 月 25 日に取引を開始すると発表した。当初の上場企業は FMI（ファースト・ミャンマー・インベストメント）という不動産大手である。YSX は，2012 年にミャンマー中央銀行及び大和総研，東京証券取引所（現：日本取引所グループ）が共同で開設することで合意し，2014 年末に，大和総研，日本取引所，国営ミャンマー経済銀行の共同出資にてその運営会社が設立されたという経緯がある。これに先立ちミャンマー証券取引委員会（SEC）は大和証券グループの現地法人である

ミャンマー証券取引センター（MSEC）などに証券免許を交付している。[8]

WTO とメガ FTA（TPP, RCEP, 日中韓 FTA など）をいかに結び付けていけるか（メガ FTA の WTO 化, WTO のメガ FTA 化？）等によりその経済枠組みはどのような形で変化して, 今後にいかなる影響をもたらせるのか, また, それらはいかに関連づけて考えることができるのか。WTO の停滞等が 21 世紀に入ってから FTA や EPA を活発化させる要因の 1 つになったのは事実である。しかし, この形ですべてよしとしてよいのか。WTO が停滞しているのでそれにとって代わるものとしてという意味はあるが, WTO により関連づけた形で FTA や EPA やそれ以外のメガ FTA（TPP, RCEP, 日中韓 FTA など）がこれから変化できないのか。そうするべきではないのかという議論が出てきている。それらを考察していきたい。

関税とは何であろうか。それは, モノを輸出入する際に税関を通過する際に支払うべき税である。

小林・飯野・小寺・福永［2016：7-9］によれば, 戦前のある特定の国同士でのいわゆる「経済ブロック化」への反省等もあり, 戦後, 原則として私人が行う貿易に関しては, 国家による介入を回避するほうが不利益が少ないのではないかという思想が英米等をはじめとして出てきた。そして, 1947 年に GATT（General Agreement on Trade and Tariffs：貿易及び関税に関する一般協定）が生まれることとなった。GATT の加盟国数は当初 23 カ国であったが 1995 年に WTO（World Trade Organization：世界貿易機構）へと発展的に解消し, その加盟国数は 160 を数え世界貿易の実に 97％をカバーしている。

しかし, WTO 究極の目的は加盟国国民の生活レベルの向上にある。

1つの目的である貿易自由化ばかりに目を奪われるが，貿易自由化はあくまで貿易による無差別な国家の介入を回避するための1つの手段である。

　また自由化とは関税等を軽減・撤廃していくことであるが，自由化のみでは国家介入を回避したことにはならない。国内の規制緩和等により実際ビジネスを行う企業活動をしやすくすることもそれに含まれる。また，外資系企業がその企業活動において様々な非関税障壁があればそれも不自由な要因となる。

　つまり，国内の流通や販売においての規制等もそこに大きく関連してきているのである。ここに「無差別」の概念が入ってくる［小林・飯野・小寺・福永 2016：7-9］。

（5）　サービス貿易

　形があるものが財，形がないものがサービスと経済学初心者はまず最初に学ぶ。貿易も形のある財（モノ）のみが国境を越えてくるわけではない。形のないサービスも国境を越えて提供されてくる。そしてその対価として支払いがなされる。これをサービス貿易と呼んでいる［小林・飯野・小寺・福永 2016：7-9］。

　1947年のGATTはモノの貿易のみをその対象としてきた。つまり，各国の自由な判断でその規制は行われてきた。しかし，20世紀後半以降，情報通信技術や交通網が飛躍的に発展していった。またビジネスにおいても多国籍企業とよばれる世界的規模で国境を越えた企業活動も増加していった。

　このようななか，それにリンクする形でサービス貿易も大きく伸びていくことになった。1995年にWTOが設立されWTO協定においてサー

ビス貿易に関しては，「サービスの貿易に関する一般協定（GATS）」が設けられた［小林・飯野・小寺・福永 2016：112-16］。

(6) 投資

投資とは，これも経済学の初学者が GDP の構成要素の1つとして学ぶが，資本を投げ入れるという意味である。これには国境を越え行われる投資（海外直接投資や海外への間接投資等）も含まれる。

具体的には日本企業が海外に工場や支店を設立したり海外の企業を買収したりすることなどである［小林・飯野・小寺・福永 2016：12-14］。

(7) 政府調達

政府調達とは，政府や地方自治体等の公共部門のために物品を購入する契約及びサービスを利用する契約を締結することである。政府（この場合は地方自治体等も含む）が保有している株式等の民間企業もこの範疇に入る。

調達とは単に物品のみを指すのではなく，業務委託や器具のレンタル等も包含される。国や地方自治体が建物を立て直したり，パソコンをレンタルしたりするのもここに含まれてくる。

ここには内国民待遇（国内の税金及び法令に関して，輸入産品に国内産品同様の待遇を与えることを加盟国に義務づけること：輸出入国の国内における貿易の障壁とならないために行われることが多い：GATT 3 条［小林・飯野・小寺・福永 2016：46-47］）の義務が免除されるといわれてきた。

とはいえ，国によりその規模は異なるが，宇宙開発プロジェクトのような巨大なプロジェクト等において自国産業を極度に優遇するような形になれば外国企業と公平な競争が行われなくなるという事態も生じてく

る。

　このような点も留意していかねば，自由な競争という点では大きなかい離をもたらすことになるおそれがある［小林・飯野・小寺・福永 2016：131-34］。

(8)　経済統合における AFTA と AEC

　1985 年のプラザ合意以降，日本をはじめ NIES からの直接投資が急増した。それに加え，ASEAN 各国は，輸入代替工業化戦略から外資主導の輸出指向型工業化政策へ転換をした時期でもあった。

　ASEAN（東南アジア諸国連合）は，当初は東南アジア共通の政治・経済的課題を協議する場に過ぎなかったが，87 年に「特恵貿易取極め（PTA）」により域内貿易について特恵関税制度を導入し，さらに 1992 年に ASEAN 自由貿易地域（AFTA）創設が合意された。この AFTA の目的は，第 1 に，多国籍企業を誘致すること，第 2 に，ウルグアイラウンド締結後の自由化に備えること，第 3 に，ASEAN と APEC がより強固な共同体として参加することであった。

　AFTA は，2015 年 2 月現在の自由化率（関税撤廃品目の比率）は，ASEAN6 が 99.2％，CLMV が 90.8％，ASEAN 全体では 96.0％となっている。CLMV は残りを 2018 年 1 月に撤廃する予定である。

　そして，この AFTA の現時点での課題は，域内関税比率（25％）の低さと利用率の低さである。99 年には，原加盟 6 カ国については 2015 年，新加盟 4 カ国については 2018 年までに域内特恵関税を撤廃する（0％にする）ことを決めた［清水 2002：35］。

　AEC に関しては，サービス貿易の自由化や熟練労働力の自由な移動といった「深い統合」を目指している。この AEC の特徴には，人の移

動は熟練労働力のみ，政府調達は自由化の対象に含まない，域外共通関
税は適用しないといったものがある。AEC の主要な目的として，外資
の誘致があげられる。これはひいては「グローバルなサプライチェーン
への参加」には不可欠である。今後は非関税障壁，サービス貿易，に関
しては，15％の例外規定があり。例外が相当程度残る。人の移動に関し
ても単純労働者は対象外である。これらの今後の対応が問題となる。こ
れに加え，輸送インフラの整備等も重要である［石川 2015：118-28］。

4．メガ FTA と WTO

WTO が今後の体制と各メガ FTA を含む FTA の体制をいかにして併
存させていくか，これを前提として WTO と FTA の関係をいかに調整
していくのか。

松下［2015］によれば，WTO は，増大する FTA 間にいかにリンケー
ジを構築していくのか，そして，どのように FTA 間の意思疎通を図り
つつ，FTA ルールの整合性を図るのかということに努力すべきだとし
ている。換言すれば WTO が，FTA ネットワークの構築の担い手とな
れないかということを意味している。松下は，法律でいうところの強制
力を伴う「ハードロー」ではなく，ソフトな方式で FTA を結び付けて
FTA 相互の連携を強め究極は，各 FTA において通商ルール及びそれ等
の実際の運用の相互の収斂を図るという方式を提案している。

この 1 つとして，WTO における ICO（International Competition
Network）の活動がある。これは，114 の国が加盟し，国際競争，競争法
の収斂の試みが行われている。この特徴は，非拘束的であり，非公式的
ではあるが頻繁に国際競争当局が参加していることである。また，競争

政策に関しての情報収集も行っている。

しかし，このリーダーシップを誰がとるのか，タイミングはどうするかという課題がある［松下 2015：1-13］。

(1)　メガ FTA と WTO との関係

FTA の累計数は，2015 年 4 月 6 日時点で 615 となっている。しかし，この FTA の中にはほかの FTA との競合等により失効しているものがあり，活動中の FTA は 406 である。メガ FTA と WTO との関係という点については，好ましい影響は，メガ FTA が WTO を先導するという形である。

メガ FTA が WTO を先導する第 1 のメリットは，メガ FTA の貿易自由化はベースに関税撤廃があり，WTO による多角的自由化交渉における関税率撤廃より高度な自由化を達成できる点である。

第 2 に，メガ FTA への参加国の増加である。メガ FTA に参加することで FTA 非参加国の不利な状況を改善していこうという流れができるのである。

浦田［2015］によると，今後は，競争政策や規制の整合性といった国際経済の分野での重要性が増しているグローバル・サプライ・チェーンの中において有志国における複数間の協定（プリリラテラルな枠組み）を設立していくことが重要である［浦田 2015：14-29］。

(2)　TPP

TPP においては，投資，競争（国有企業），貿易と環境，労働などのような WTO ではまだ規律されていない分野のルール化及び既存の WTO ルールの深化を図ろうとしている。いわゆる「WTO プラス」である

［山下 2015：95-105］。

　内閣官房 HP によれば，第 1 に，TPP は，モノの関税だけでなく，サービス，投資の自由化を進め，さらには知的財産，電子商取引，国有企業の規律，環境など，幅広い分野で 21 世紀型のルールを構築するものであり，成長著しいアジア太平洋地域に大きなバリュー・チェーンを作り出すことにより，域内のヒト・モノ・資本・情報の往来が活発化し，この地域を世界で最も豊かな地域にすることに資する。

　第 2 に，日本の中小企業に関しても触れている。TPP 協定により，大企業だけでなく中小企業や地域の産業が，世界の成長センターであるアジア太平洋地域の市場につながり，活躍の場を広げていくことが可能になり，日本の経済成長が促される。

　第 3 にヒト，モノ，資本，情報が自由に行き来するようになることで，国内に新たな投資を呼び込むことも見込め，都市だけではなく地域も世界の活力を取り込んでいくことが可能となる。

　第 4 に，自由，民主主義，基本的人権，法の支配といった普遍的価値を共有する国々とともに貿易・投資の新たな基軸を打ち立てることにより，今後の世界の貿易・投資ルールの新たなスタンダードを提供する。

　第 5 に，アジア太平洋地域において，普遍的価値を共有する国々との間で経済的な相互依存関係を深めていくことは，地域の成長・繁栄・安定にも資する[9]。

　では具体的にどのような交渉がなされてきたのか。

　TPP 交渉は，日本を含んだ 21 カ国により 21 分野に関しての討議が行われている。TPP 交渉に関しては，何点かの争点が生じている。特に難航しているのは，①物品市場アクセス，②知的所有権，③競争政

策，④ 環境の4つの分野である。それらについては後述する。TPP の
ルール作りにおいては，TPP の主導役である米国とそれ以外の参加国
の対立が先鋭化している。

では上記の争点に関して少し現状をみてみる。

②の知的所有権においては，米国は WTO の TRIPS（知的所有権の貿易
関連側面）プラスの規定づくりをしたい意向であるが，新興国は著作権
料の負担増になることを懸念し反対している。ここでは例えば映画等の
著作権の保護期間（70 年）を延長することを主張する米国対新興国とい
う図式である。

③の競争政策においては，米国は国有企業と民間企業のイコールな競
争条件を要求しているのに対し，新興国（ベトナム，マレーシア等）は国
有企業の占める割合が高いことから反対している。

投資に関しては，米国は投資家保護の目的のため ISDS（投資家対国家
の紛争処理手続 Innvestor-State Dispute Settlement）の導入を主張している。
米国企業の訴訟問題等を懸念しオーストラリアなどが反対している。

上記のようにその主導的な米国とそれ以外の新興国等の対立という図
式が目立っているのが昨今の TPP 交渉である。これらの今後の打開の
ためのキーポイントは，米国による障壁の高さの調整である。換言すれ
ばどこまで他国に妥協し柔軟な姿勢に転換できるかということである
［馬田 2015：6-10］。

日本においても農産物交渉だけがスポットライトを浴びている形にな
っているが，それ以外の分野も含め今後どのような形で進んでいくのか
についても目を離せない。

(3) RCEP

2012 年 11 月に行われた ASEAN 関連首脳会議において，「RCEP 交渉の基本方針及び目的」が 16 カ国（ASEAN＋6）の首脳により承認された。

基本方針として，物品・サービス・投資以外に，知的財産・競争・経済協力といった交渉分野とすることを決め，2015 年末までに妥結を目指すこととなった。

第 1 回交渉会合は 2013 年 5 月にブルネイで開催され，2015 年 2 月までに 7 回の交渉会合及び 2 回の閣僚会合が開催された。

日本の視点から FTA をみれば，中国を含む日中韓 FTA，RCEP は，知的財産権の分野等において高いレベルでの合意を達成することは難しい状況である。しかし，中国が製造品などのモノの貿易で，高い関税等の障壁を維持するならば，モノの貿易の自由化をメインとした FTA は，日本にとっては大きなメリットとなる。

東アジア地域は，日中韓 FTA，RCEP において関税撤廃をめざし，TPP で高度な内容を目指していくという方向に進むのではないかと思われる［経済産業省編 2015：292；中島 2013：88-98］。

RCEP は，8 つの原則（① WTO との整合性の確保，②「ASEAN＋1」FTA よりも大幅な改善，③ 貿易投資の円滑化・透明性の確保，④ 参加する発展途上国への配慮及び柔軟性，⑤ 既存の参加国間 FTA の存続，⑥ 新規参加条項の導入，⑦ 参加する発展途上国への経済技術支援，⑧ 物品・サービス貿易，競争及び他の分野の平行実施）と 8 つの交渉分野（① 物品貿易，② サービス貿易，③ 投資，④ 経済技術協力，⑤ 知的財産権，⑥ 競争，⑦ 紛争処理，⑧ その他）からなっている（経済産業省資料より）。

RCEP は TPP と異なり，参加する国の事情に配慮したり例外を認め

る点がある。TPP よりその障壁は低いといってもよい。それにより自由化も低くなると考えられている。また，参加国 16 カ国の経済格差は大きく交渉難航が予想される。

このなかで ASEAN 諸国をみてもシンガポールなどはボーダレス化をもたらす点で歓迎し，CLMV（カンボジア，ラオス，ミャンマー，ベトナム）といった諸国は競争力を有していないため諸刃の剣である。

このように今後の予測をすることが難しくなっていくが，今後注視すべき点は大きいといえる［馬田 2015：14-16］。

(4) 地域貿易協定と多角的貿易体制（WTO などとの多角的貿易体制）との関係

ASEAN という地域枠組みについてみると 1967 年の設立以降 1992 年までの四半世紀は，まったく地域貿易協定を結ぶことはなかった。1992 年の ASEAN 自由貿易協定（AFTA）がその最初である。

ASEAN をはじめ東アジア諸国は，近年，新たな FTA を次々に誕生させたことに加え，今後も FTA の構築がさらに進む地域となってきている。ここで，東アジアにおけるスタンスが多国間主義から変化してきていることをとりあげてみたい。

具体的には WTO との関連である。

21 世紀に入ってから，アジアでは急速に地域貿易協定が結ばれている。また，新しい要素として，内容面において従来の FTA と比べ包括的であること，具体的には，関税自由化のみならず，サービス，投資，競争政策なども含んでいる。

ここで提起されてくるのは，RTA（Regional Trade Agreement）の評価に関してである。この RTA に関して，2 つの分析アプローチがある。従

来のものとして，ヤコブ・ヴァイナーの「関税同盟の理論」（"The Custums Union Theory"）に基づくものであり 1950 年以降に発展してきた理論である。

このアプローチは現在でも有益である。RTA の製造業の貿易に与える影響を考える場合，関税が重要なファクターであることは現在でも変わりはないので，このアプローチが役立つ。しかし，貿易においては，その障害は関税のみならず，非関税障壁や国内の規制障壁（regulatory barriers）も大きな問題である。

この観点で，新しいアプローチが生まれた。

ルール・メイキング・アプローチ（the rule making approach）と呼ばれるものである。このアプローチは，新しいサービス，投資という分野において特徴がある。ところがその逆に，この新しいルールを地域レベルでつくるという場合に両刃の剣となる可能性が出てくる。

ここで問題をもとにもどしてみる。

RTA が多国間貿易体制にとり好ましいものであるか否かという点である。

東アジアが世界で最もダイナミックな地域であることは異論ないだろう。これは，表現を変えれば，今アジアでおこっていることは，将来のさらなるグローバル化の進展並びにグローバルな貿易体制を促進するものなのか否かという問題であるともいえる［川島 2012：107-25］。

(5)　ASEAN 経済共同体（AEC）の経緯

ASEAN 経済共同体（AEC）設立の契機は 1997 年のいわゆるアジア経済通貨危機に求められるとする見方がある。

1997 年にジョージ・ソロスたちの国際投機家により，通貨下落を意

図して，大量の空売りを仕掛けた。このようなファンドに太刀打ちするための手段として，十分な米ドルの外貨準備がないために，自国通貨を買い支えることができず，タイ，インドネシア，フィリピン，韓国は国家存亡の危機とも，国家最大の不幸な日ともいわれる困難に直面することになった。

　そこで，それら被害を受けた国家がまず，金融支援を要請したのがIMF（国際通貨基金）であった。その金融支援の条件としてIMFが出してきたのが，財政緊縮政策をはじめとした改革要求であった。その財政緊縮政策により，当該各国の経済は収縮し一層深刻なものとなった。

　そこで，アジア各国が考えたのは，米ドルのリスクから回避するフレームを構築していくことが喫緊の課題であるというものであった。アジア通貨危機をその教訓として，一時的に外貨不足に陥った国家に対して，外貨をお互いに融通し合うというものである。

　こうして，2000年5月には，ASEAN10カ国と日本，中国，韓国のいわゆるASEAN＋3の財務相会議がチェンマイで開かれ，通貨スワップ協定が交わされた。これが「チェンマイ・イニシアティブ」（CMI）と呼ばれるものである。それは，財務省の表現を借りれば，短期流動性問題への対処，既存の国際的枠組みの補完，を目的とする，東アジアにおける自助・支援メカニズムということができる［谷口編 2011：13］。

　ここで，そのチェンマイ・イニシアティブ（CMI）に関して，日本の外務省及び財務省の記述を参考にして，少しみてみることにする。

　1997-98年のいわゆるアジア通貨危機以降はいかなる動向がみられるのだろうか。99年11月，マニラで開催されたASEAN＋3首脳会議において，通貨・金融分野での「東アジアにおける自助・支援メカニズムの強化」の必要性について合意された。これを受け，00年5月にチェ

ンマイで開催された ASEAN＋3 蔵相会議において，(a)すべての
ASEAN 加盟国を含み得る形での ASEAN スワップアレンジメントの拡
大，及び(b) ASEAN，中国，日本及び韓国との 2 国間通貨スワップ取極
及びレポ取極のネットワークの確立を内容とする「チェンマイ・イニシ
アティブ」について合意された。

　しかし，ここで問題になるのが，非関税障壁である。

　関税削減・撤廃は着実に進展している。しかし，関税削減のみでは
ASEAN 域内貿易拡大につながるとは言い難い。取引を妨げる慣行及び
措置がある限り AFTA による経済効果は縮減を余儀なくされる。それ
らが非関税措置・障壁とよばれるものである。安全・健康上の理由から
衛生植物検疫措置（SPS）など WTO 等で認められる非関税障壁（NTBs）
となる場合もある。非関税障壁撤廃の経済効果は関税撤廃に比べて圧倒
的に大きいことが提言されている。

　しかし，関税削減・撤廃とは異なり，非関税措置は輸入割当や非自動
輸入許可など明示的な輸入制限措置がある一方で，安全規格・工業標準，
保健衛生規則・品質規格，SPS 措置など技術的措置が課せられている
ものもある。これらの非関税措置の削減・撤廃は国内法の改正が必要な
ものが多く，安全面などから国内消費者団体などが強く反発してくるケ
ースもあり概して時間を有する。そのため合意されたスケジュール通り
に非関税措置を削減・撤廃することは非常に困難を伴う。他方，非関税
措置撤廃の運用強化に踏み出してきている国もある。インドネシアは
2010 年の AFTA，ASEAN 中国 FTA（ACFTA）の関税撤廃直前になって，
安価な中国製品の流入に反発の声があがった。この声に押されたインド
ネシア政府は，国内基準（SNI）運用厳格化，健康・安全性・環境への
配慮，知的財産権保護措置，セーフガードなどあらゆる非関税措置を動

員し輸入品の流入阻止を図っている。

　ASEAN は貿易自由化には，非関税障壁を可視化した上での削減・撤廃が不可決と認識している。今後，ASEAN 加盟各国が，非関税措置・障壁に関する地域イニシアティブを補完する形での国家レベルの関係省庁合同の機関を設置するが，2015 年末に向けて迅速にその作業を進めることが喫緊の課題である［石川・清水・助川 2013：56-59］。

　では，ここで一例として，石川県内企業のメコン川流域地域への進出はいかなる状況になっているかみてみよう。以下は石川県内企業の海外進出動向についてジェトロ金沢が，石川県からの受託調査を行ったものであり，2015 年 1 月〜2015 年 12 月の間，石川県内企業 753 社にアンケート調査を行いアンケート回答のあった 657 社（回答率 85.25%）についての結果である。[10]

　この調査では，石川県内企業は 131 社が海外進出しており，海外進出拠点は 26 カ国・地域，合計 254 件であった。進出拠点は中国が最も多く 82 企業 98 拠点，次いでタイ 29 企業 33 拠点であった。

　東南アジア諸国は，タイ以外では，シンガポール 13 企業 13 拠点，ベトナムが 10 企業 20 拠点，インドネシアが 6 企業 6 拠点，マレーシアが 4 企業 4 拠点，ミャンマーは 1 企業 1 拠点，フィリピン 1 企業 1 拠点であった。

　ここで取り上げているメコン川流域国家という意味では，ベトナム，ミャンマーが該当してくる。

　ベトナムには，情報，機械部品等の分野をはじめ多岐にわたり日本向け製品ほかが製造されている。ミャンマーは 1 企業のみであるが，現地向けの印刷パッケージでの企業が進出している。

　また，カンボジアに 2016 年中に駐在員事務所を置く予定の陶器企業

もある。事業内容としては，陶器に関しての技術指導が主となっている。同社はタイにも工芸等の技術指導等での進出を予定している。このような企業が増えることが1つのヒントとならないか。

　石川県は全国的にみても自他ともに認める「工芸王国」である。これを前面に出し，石川県のアピールも行っている。他の都道府県と比較しこのような工芸面で海外に進出する企業が多くなれば石川県の得意分野を生かせることになる。それがメコン川流域地域への企業進出の1つのきっかけとなる大きな可能性を有していると筆者は大きな期待を持っている。

　ミャンマーをメコン川流域地域としての1つの例としてみる。ミャンマーは2011年に民政になって間もないということもあり，人材不足が最も深刻な問題と指摘されている。外国企業が投資を行う際にも当局職員が投資に関しての法律や制度に関して十分な知識を有していない。具体的な案件に関しても何が問題なのか理解できないという問題である。また。現場で従事している職員も上からの指示待ちであり，現場の問題を上にあげる，何か提案するといった改善の意識が乏しいという難点があった［牛腸・田原・甲斐 2016：56-61］。これが大きな課題となる。

　それに加え通関手続き等のシングルストップシングルウインドウである。これは非関税障壁としてあげられている通関手続きに関連した事項である。拙著『アジアの地域連携戦略』(2011年，p. 15) にもふれているが，例えば，物流に関しての通関及び品質検査，検疫等，車両については，登録，積載重量等も行われている。しかし，ここで問題であるのが輸入国輸出国で2カ所で同じ検査をしなければならないためコスト及びリードタイムが倍増している。シングルウインドウ，シングルストップが導入されれば国境貿易の円滑化が可能となる。GMS 6カ国にこの制

度が十分浸透するまで時間がかかると思われる［ド・マン・ホーン　2016：63-76］。

注

1 ）　自由貿易地域は，加盟国間の関税撤廃を目指すが，非加盟国に対する関税はそのままにする［Balassa 1961：邦訳 4-5］。

2 ）　貿易転換効果とは，経済統合が開始されると域内は貿易が新たに貿易が行われ始めると同時に，域外諸国・地域では，貿易が縮小していく。貿易転換とは，より低生産費の生産国からより高生産費の生産国へ購入を移動させることである。

3 ）　「WTO 体制と地域経済統合──大妻女子大学　渡邊教授よりきく──」『経団連くりっぷ 125 号』2000 年 5 月。

4 ）　内閣府 HP『世界経済の潮流　2005 年春──中国経済の持続的発展のための諸課題　官から民へ──』2005 年 6 月　内閣府政策統括官室（経済財政分析担当）（http://www5.cao.go.jp/j-j/sekai_chouryuu/sh05-01/sh05-02-fuchu.html）（2016 年 12 月 29 日アクセス）。

5 ）　ベラ・バラッサ（Béla Balassa：1928-1991）ハンガリー出身，エール大学卒，ジョンズホプキンス大学教授。ヴァイナーの関税同盟理論は静態理論に過ぎない。経済統合の動態理論が必要と指摘。「経済統合の動態理論」は，経済成長，規模の経済，外部経済，市場構造，技術が説明変数である［清水 2012：81-83］。

6 ）　『日本経済新聞』2016 年 1 月 5 日。

7 ）　『日本経済新聞』2016 年 3 月 8 日。

8 ）　『日本経済新聞』2016 年 3 月 15 日。

9 ）　内閣官房 TPP 政府対策本部 HP（http://www.cas.go.jp/jp/tpp/about/index.html）（2016 年 12 月 29 日アクセス）。

10）　石川県商工労働部産業政策課委託，日本貿易振興機構（JETRO）金沢受託「石川県貿易・海外投資活動実態調査」2016 年（http://www.pref.ishikawa.lg.jp/kokusaisupport-ishikawa/documents/2015shousai.pdf）（2016 年 12 月 29 日アクセス）。

第 1 章

インドシナ諸国の変貌にみる
メガ FTA 及び国際通商秩序

本章においては，劇的に変化するインドシナ諸国における今後を考察する意味での1つの手がかりをえるため，変化の背景はどのような要因があるのかを洗い出し，またその要因を考察する上でどのような方策が考えられるのかを主たる問題関心とする。その1つの手がかりとして考えられる地域連携というキーワードで検討してみたい。

インドシナ諸国は東南アジアの一部を構成する国々であるが，政治的には中国，日本，韓国等の政治的影響を大きく受けている。南シナ海の問題1つあげても中国と対峙している国，中国寄りの国と政治的には一枚岩とはなっていない。また，政治大国である中国とは経済的援助をはじめ命脈を握られ態度表明をできていない現状がある。これは，東南アジア諸国が経済発展を目指すなかで経済的援助を受ける中国にいわば遠慮せざるを得ない関係が現状としてある。逆に中国からみれば米国以外の国は脅威とはなりえないという意識もあることは想像するに難くない。しかし，今後インドシナ諸国をはじめ東南アジア諸国が中国の顔色をうかがうばかりで自主的方向性を見出しえなければ存在感を示すことは困難である。例えばカンボジア，ラオスなどは親中国のスタンスであり反中のベトナム，フィリピン，インドネシア等といかにまとまりえるのかという問題がある。

フィリピンはアキノ（Benigno S. Aquino III）前大統領時代には反中であった。南シナ海の問題への対処から四半世紀ぶりにクラーク空軍基地，スービック海軍基地に米軍を再駐留させる計画もある。しかし，ドゥテルテ（Rodrigo Roa Duterte）新大統領のスタンスが不明瞭である。また麻薬対策に対してのオバマ（Barack Hussein Obama Jr.）米大統領の懸念に対するドゥテルテ新大統領が発した侮蔑的ともいえる発言から2016年9月6日に予定されていた米国フィリピン首脳会談は急きょキャンセルさ

れた。今後米フィリピンの関係に微妙に影響してくると考えられる。

このような政治的環境の中，経済的にはいかなる方向性が見いだせるのかを考える。

まず，新聞報道等からインドシナ諸国をはじめ東南アジアの状況がいかに変化しているのか，そして日本をはじめ域外諸国がいかなる形で関与しているのかを考察する。例えば，ミャンマーをみても2011年の民政移管後に大きく変貌している。それは社会のみならず経済面においても顕著である。その証左としての現実の姿をまずとらえてみる。具体的には経済特区（ティラワ，ダウェー，チャオピュー），外銀への銀行免許の付与，外資法等の改正といった形で進んでいる。規制緩和も進んでいる。このような状況のなか域外諸国はどのような進出を行っているのかは，新聞記事等からうかがえる。これらについて第1に検討していく。

それに加え，第2に制度面でいかに地域連携が行われているのか，そして先行研究との関連ではいかなる問題点が考えられるのかについて検討する。具体的にはFTA・EPAのみならずいわゆるメガFTAと呼ばれるTPP，RCEP等が21世紀に入ってから大きな経済要因となっていることは周知の事実である。これは戦後のGATT・WTOの体制への大きな問いかけとも言い換えることができる。それはひいてはFTAAP（アジア太平洋自由貿易圏：Free Trade Area of the Asia-Pacific）への道筋となるゆえである。そのための課題をピックアップしてみる。そして，そこにいかにWTOが関わり今後の課題としてなにがあげられるのかを検討していく。

1．日本の通商政策と東南アジア諸国の現状

(1)　地域統合の段階

まず，地域統合の段階論としてのバラッサ（Béla Balassa）の分類から日本に関していかなる通商戦略が行われまた，今後行われていくのかを考察していく。

高橋［2016］によれば，日本の通商戦略は，バラッサの分類（第1の段階である物やサービスの自由化（FTA等の自由貿易協定），第2の段階である関税同盟（域外に関しての共通関税），第3の段階は物・サービスや人・資本などの自由な移動を達成する共同市場の創設，第4の段階である通貨統合を含む経済政策の調整を求める経済同盟，第5の段階である経済政策を統一するための超国家機関の設置が必要とされる完全な経済統合）が説く関税同盟や通貨統合，共通の財政・金融政策を含む東アジアの経済統合を目指すよりも，現時点ではTPPを始め日中韓FTAやRCEPのようなFTAの枠組みの中で，関税・非関税措置やサービス，及び人や資本などの自由化を進めた方が現実的と考えられる。

地域貿易協定（RTA : Regional Trade Agreement）と，自由貿易協定（FTA : Free Trade Agreement）という用語の関係に関しては，RTAとは，FTAと関税同盟（Customs Union）との総称である。FTAとは，関税及びその他の制限的な通商規則を，実質上のすべての貿易について取り除くことにより，一定地域内の貿易を自由化するものである。関税同盟とは，域内の関税及びその他の制限的な通商規則を，実質上のすべての貿易について撤廃すると同時に行う。各締約国が域外から輸入する産品に対する関税その他の通商規則を実質的に同一にするものである。RTA

は，WTO 協定においては最恵国待遇（MFN：Most-Favored- Nation Treatment）原則の例外として認められているが，MFN 原則の空洞化を防ぐために，RTA を設ける際に満たすべき要件が，モノの貿易については GATT 第 24 条において，サービス貿易については GATS 第 5 条においてそれぞれ定められている（経済産業省 HP　http://www.meti.go.jp/policy/trade_policy/wto/negotiation/rta/rta.html）（2016 年 12 月 29 日アクセス）。

　　より広域的な市場開放を進める方向を目指す方が，東アジア地域におけるサプライチェーンの形成に有利であると思われる。この意味で，TPP の参加国をより拡大することが望ましい。日本は TPP メンバーの拡大も含めて，日中韓 FTA や RCEP などの東アジアの FTA でより質と自由化率が高い枠組みを追及しなければならない。アジアにおける TPP 参加に関心がある国は，インドネシア，タイ，フィリピン，台湾，韓国にとどまらず，カンボジアまで広がっている。インドネシアの大統領は，各省庁に TPP の研究を指示し何がインドネシアにとってメリットなのかを分野ごとに分析するよう求めたとのことだ。日本はこうした動きと連携し，日中韓 FTA や RCEP 交渉を有利に展開することが期待される［高橋 2016］。

(2)　東南アジア諸国の現状

　では東南アジアの現状はいかなる状況となっているのか。東南アジア諸国は昨今規制緩和により国内企業のみならず外資等の参入も著しい。それは，例えばミャンマーなど 2011 年に民政へ移管した国においても例外ではない。同国はここ数年の趨勢を垣間見ると最も劇的に変化している国家といっても過言ではないだろう。経済特区（ティラワ，ダウェー，

チャオピュー）をはじめ，外資規制等も緩和あるいは改正を模索している。
ミャンマー外資に関して現状をみてみる。
2016 年 6 月 23 日の記事では，

〈ミャンマー，外資に壁〉
2011 年の民主化後，ミャンマーは外資導入を経済成長の根幹と位置づけ，前政権の 5 年間で投資法制を整備し，累計約 280 億ドル（2 兆 9000 億円）の外国投資を獲得した。近年整備された投資法も一見開放的であるが，事実上の参入規制も多いのが事実である。外資導入を禁じていた小売業は 2014 年に規制対象業種を除外されたが，個別企業への投資認可は付与されないままで特に輸入業者は，乱発される商業省の通達でルールが頻繁に変わっていく。また，新政権にとっては，外資誘致は生命線である。貧弱な電力インフラなど今後のミャンマーの課題も多い。これらの投資環境を整備することが外資誘致のカギとなる。[1]

と報じられているが，その 2 カ月後の 2016 年 8 月の新聞記事には，

〈ミャンマー，外資規制緩和〉
ミャンマー政府は年内に株式取引等に関する外資規制を緩和する。具体的には法律を改正し外資の出資比率が 35％未満の企業を国内企業とみなせるようにする。外資による国内企業株式の取得は現状では認められなかったが，改正後は 35％を上限として解禁される予定である。外資による土地の長期利用に関しても現状においては投資認可が必要であったが，法律改正後は，外資の少額出資会社は手続きが簡易となる見込みである。それに加え，海外投資家による

証券市場への参加のほか，貿易業等の規制業種への参入に関しても道を開いていく。2016 年 3 月発足のアウン・サン・スー・チー国家顧問主導の新政権のもと外資誘致を加速化させる。[2]

と報じられ，2 カ月でこのように変化していることがみてとれる。

また，日本との合弁事業においても以下のように報じている。

〈日・ミャンマー連携の果実〉

2011 年春の民政移管後に開始されたミャンマー及び日本の産業連携が成果を生みつつある。JFE エンジニアリング及びミャンマー建設省の合弁会社（J&M スチールソリューションズ）が主力である橋梁の輸出を本格化させている。操業開始から 2 年で年 2 万トンに生産能力を上げている。生産額の 3 割を輸出に向けている。輸出先としては，バングラデシュやスリランカなど近隣諸国の政府開発援助（ODA）案件向けが中心である。IHI もミャンマー建設省参加の企業と 2017 年春にコンクリート製品事業の合弁工場を稼働させる予定である。キリンホールディングスはミャンマーのビール最大手であるミャンマー・ブルワリーと 2015 年夏，キリン側が株式 55％を取得し，増産投資にも着手している。三菱商事は，ミャンマー複合企業 CDS グループ傘下企業と協業する。三菱商事が同グループの食品事業会社に出資しコーヒー製品等の輸出を検討している。日立製作所及び地場企業の合弁会社も省エネ型変圧器の出荷を開始している。王子ホールディングスと住友林業は，ミャンマー家具大手と 2016 年 4 月にゴム製材品の合弁工場を稼働した。[3]

ミャンマーでは，外銀への銀行免許の付与をはじめ，2011 年の民政

移管前まである意味「鎖国」状態であったミャンマーは激変していることがみてとれる。戦後のミャンマーの70年についてマング・マング・ルイン［2016］によれば，

　ミャンマーの独立から今日までの経済体制の段階区分は次のように特徴づけることができる。(1)市場経済民主主義政権（1948〜1962年），(2)社会主義計画経済軍事政権（1962〜1988年），(3)不完全市場経済軍事政権（1988〜2011年），(4)市場経済軍事主導民主主義政権（2011〜2016年），(5)市場経済民主主義政権（2016年4月〜）の5つの異なる政治経済体制である。

　(1)の独立後のウー・ヌ（U Nu）民主主義政権では政治指導者達の間にコンセンサスがなく，社会混乱と治安の悪化から，1962年にネ・ウィン（Ne Win）将軍がクーデターを起し，その後1988年までほぼ四分の一世紀の長きにわたって政権を握ることとなった。(2)と(3)の軍事政権時代には，ミャンマーは，国際的孤立，社会主義経済の非効率性，汚職・賄賂の横行によって最貧国となり，国民の教育水準は低下し，健康状態も悪化し，ミャンマー人の勤勉性と倫理感まで失われた。(4)の元将軍テイン・セイン（Thein Sein）政権の下では，汚職問題が依然として改善せず，開発途上国の経済発展に欠かせない愛国心と道徳心も十分とは言えなかった。しかし，政府開発援助と海外直接投資が増加し，その結果，2011〜2016年の期間，年平均6〜7％の経済成長も達成した。しかし，なお軍事政権の色彩の濃いテイン・セイン政権は国民の信頼と尊敬を得られなかった。2015年の総選選挙でアウン・サン・スー・チー（Aung San Suu Kyi）が率いる国民民主連盟に敗北し，2016年4月に民主主義政権が誕

生した。市場経済民主主義政権（1948～1962 年）の時代が独立後ほ
ぼ 70 年を経て復活したのである。市場経済民主主義政権（2016 年 4
月～）はもはや後戻りすることなく着実に前進せねばならない［マ
ング・マング・ルイン 2016］。

　このような歴史をみてみると近年のミャンマーの変貌はアジアのみな
らず，世界の大きな注目を集めている。
　インドシナ諸国においてこのような動向はミャンマーに限らない。ベ
トナムにおいてもエネルギー関連で以下のような動きがある。日本も
2017 年のガス自由化を控え東京ガス等は国内のみならず海外展開の 1
つとしてインドシナ諸国をその視野に入れていることがわかる。

　〈東ガス，ベトナムで合弁〉
　東京ガスは，ベトナムのガス市場へ参入する。現地の国営企業（ペ
　トロベトナムガス等）と早ければ 2016 年 7 月中にも合弁する。液化
　天然ガス（LNG）基地建設や，ガス供給網の整備事業参画を目指す。
　日本国内でも 2016 年の電力自由化から 2017 年にはガスの小売自由
　化と続くなか日本国内の顧客競争激化を見据え，海外事業をひとつ
　の収益源として海外展開の促進が図られていく潮流が起きている。[4]

　また，ベトナムにおいては，小売業においても規制緩和を行い国内外
の小売企業による競争環境が生まれている。

　〈小売りに異業種続々　ベトナム，規制緩和が後押し〉
　ベトナムの小売市場で現地の異業種企業の進出が相次いでいる。不
　動産大手のビングループは 2019 年までにコンビニエンスストアを
　1 万店出店する計画であり，出店規制の緩和により多店舗展開しや

すい環境が整備されてきたことが背景にある。イオンなど外資系小売企業の進出も相次ぎ，厚みを増す中間層の取り込みをはかる。[5]

では他の東南アジア諸国はいかなる現状となっているのか。エネルギー大国インドネシアにおいては液化天然ガス（LNG）において以下のような動きがある。

〈国際協力銀 1200 億円融資へ LNG 三菱商事などの案件 インドネシア〉

国際協力銀行は，三菱商事などがインドネシアで始める液化天然ガス（LNG）の生産プロジェクトに 1200 億円を融資する。新興国の需要拡大を見込み国際協力銀行は融資を決定した。国際協力銀行，三菱商事，国際石油開発帝石（INPEX）JX グループなどプロジェクトに参加する日本企業の出資する出資会社が 2016 年 6 月 30 日に契約した。[6]

以上のように新聞報道をみても規制緩和，中間層の勃興，そしてそれをとりまく域内外諸国の進出という面が顕著になっていることがわかる。しかし，その動きはまだ本格化しておらず黎明期という表現が適切な状況である。中間層の勃興ゆえに日本の企業等が進出をしそのマーケットに注目をしている。これからいかなる状況変化が起こるのか注視せねばならない。

(3) 地域連携等についての先行研究

では地域連携についてはいかなる状況となっているのか。まず，先行研究についてふれる。「ドミノ理論」とよばれるものがある。

ある地域の貿易協定が締結されると，その域外の国の輸出産業は競争条件上，不利な立場に置かれることになるため，国内における地域貿易協定に対する賛否のバランスが崩れて，地域貿易協定を求める力が強くなり，このために当該地域貿易協定への参加を求めることになる。

仮にこの地域貿易協定に参加できなければ市場アクセス格差によるインバランスの是正を図るため別の国との新たな地域貿易協定の締結を図ることになる［Baldwin 1997 : 865-88］。日本が FTA に熱心になったのは産業界の懸念に根差している［Pekkasen 2005 : 77-103 ; 中川 2006 : 327 ; 関沢 2008 : 40-41］。

付加価値の取り分の大きいところに日本としていかにして比較優位を持てるようにするかが喫緊の課題である。そのために，必要となるのは，高度人材及びグローバル人材養成のための教育政策，そしてそういう人たちを外国人も含めひきつけることができるような魅力的な街づくりなど，通商政策を大きく超える課題を探ることである。東南アジア諸国間の経済連携も進む。そして日系企業の進出も進む。その進出の際の関税等の利点がどのように生産拠点のシフトに効果をもたらせているのか。メコン川流域開発の進展とも関連づけてみてみる。経済連携にはどのような種類のものがあるのか。

ではここで本項においては経済連携の種類等に関して簡単にみていく。TPP，TTIP，日欧 EPA は先進国間の貿易ルール作りに最大の意義がある。これは，TPP のねらいとして指摘されていることであるが，同様のことは，米国及び EU は TTIP により多国間貿易システムを更に強化するグローバルなルールの発展に貢献すると米欧首脳共同声明でうたっている。

他方，RCEP，日中韓 FTA は，最近 30 年の間，アジアの事実上の経

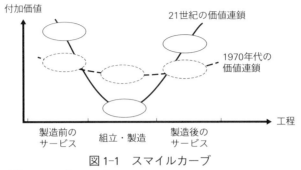

図 1-1 スマイルカーブ
出所：Baldwin［2013：37］.

済統合におけるエンジンとなり国境を超える生産ネットワーク（国際価値連鎖）の拡大及び深化を更に促進させることをその目的としている。

日本としては，この 2 つのタイプの広域・多国間の FTA・EPA に参加し，そのメリットを最大限に享受するには，次の 2 つの点に留意すべきである。

第 1 に，広域・多国間の FTA・EPA のルールは，整合性を欠くことである。

第 2 に，日本の産業再生，対外経済協力との関連である。そこで重要なことは付加価値が国際価値連鎖の中でどう分配されるかである。ジュネーブ国際問題高等研究所教授のリチャード・ボールドウィン（Richard Baldwin）はこれを「スマイルカーブ」を使用して説明する。スマイルカーブとは，価値連鎖の上流・中流・下流はそれぞれどのくらい付加価値を有しているかを示したものである（図 1-1 参照）。

国際価値連鎖の展開には，財，サービス，資本の国境を越えた円滑で効率的なフローを保証する貿易制度が決定的に重要となってくる。多国間・広域の FTA・EPA はそうした貿易制度作りの手段である。しかし，

重要なのは，その先のスマイルカーブの中でいかにして付加価値の取り分の大きいところに日本として比較優位を持てるようにするかである。そのために，必要となるのは，高度人材及びグローバル人材養成のための教育政策，そしてそういう人たちを外国人も含めひきつけることができるような魅力的な街づくりなど，通商政策を大きく超える課題があげられる［白石 2013］。

以下に，経済連携の進展について簡単にまとめておく。

「第1のアンバンドリング」：産業単位の国際分業
（リカードゥ・モデル）
⇒「第2のアンバンドリング」：商品開発，生産工程，販売等のすべてがクロスボーダー→ On the border から Behind the border へ施策重点がシフト
⇒ Baldwin の「スマイルカーブ」（価値連鎖）
＊内閣官房 TPP 政府対策本部「TPP 交渉について」より
（http://www.cas.go.jp/jp/tpp/pdf/siryou/150831ver_siryou.pdf）

2．環太平洋経済連携協定（TPP）と東アジア包括的経済連携協定（RCEP）

21 世紀以降 FTA 等は WTO の遅滞等により補完的に行われてきたが現在においては補完的という表現が適切ではないような状況である。TPP，RCEP はいわゆるメガ FTA と呼ばれている。TPP は 2016 年 2 月に協定に署名され批准が待たれる。RCEP は 2012 年から開始され今後の行方に注目される。

本節においては，メガFTAと呼ばれるTPP，RCEP等を取り上げる。では以下についてそれぞれを考察していく。

WTOとメガFTAの関わりに関しても考えていかねばならないときが近い将来に来ることが予想される。というのは戦後GATT/WTO体制で通商戦略を行ってきたなか，1990年代からはWTOの遅滞等の背景からFTA/EPAがその補完的な存在となってきた。

現在はFTA全盛の時代といっても過言ではない。TPPをはじめTTIP（米EU間メガFTA），RCEP（東アジア包括的経済連携協定：ASEAN＋6）等の交渉が行われている。

しかし，松下［2015］によれば，FTA中心の貿易体制には限界があると考えられる。FTAはその本質上，二国間あるいは地域的，または複数国間の協定である。それは換言すれば世界的な貿易全体をカバーするものではないということである。参加は，限定的な少数の国家に限られる。

ではFTAがWTOのような組織になるとよいのかといえば，国際交渉は困難になり，組織運営上もWTOの二の舞になる。これは度重なるWTOの閣僚会議の失敗及び停滞をみると明らかである。今後は，WTO体制と各FTAを含むFTA体制の併存が課題となる。この両者の関係をいかに密にし，いかに調整するかが大きな課題である。言い換えればWTOによるFTAネットワークの構築である。ここでの課題は，第1にリーダーシップを誰がとるのか，第2にメガFTAが形成途上であり進行中であることを鑑みるといつできるのかが不明であることである。メガFTAが形成され，定着し，制度化の傾向が明確化して問題点の抽出が行われてからということになる［松下 2015：1-13］。

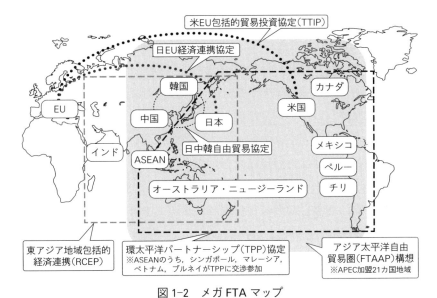

図 1-2　メガ FTA マップ

出所：内閣官房 TPP 政府対策本部「TPP 協定交渉について」(http://www.cas.go.jp/jp/tpp/pdf/siryou/150831ver_siryou.pdf)（2017 年 1 月 6 日アクセス）。

(1)　TPP（環太平洋パートナーシップ：Trans-Pacific Partnership）

国際貿易と TPP について考えてみる。

農業に関しては，多くの先進国において保護政策が採用されている。日本の農業保護の水準は国際的にみると高い水準にある。

OECD（経済協力開発機構）によると，日本の農業粗収入に対しての生産者支持推定量（PSE：内外価格差からみた保護額）の比率は 2014 年時点で 49％である。これは OECD 平均の 17％の 3 倍弱にあたる。しかし，そのうち約 80％が市場価格支持，主として貿易保護に基づいている。貿易保護は，国産品のみならず，輸入品の価格も上昇させ，消費者に大きな負担をかけるので，それを回避すべく多くの先進国においては各種の国内補助金へ移行したにもかかわらず，日本は広範な貿易保護を維持し

てきたのである。

TPP（環太平洋経済連携協定）における日本の関税撤廃率は95％である。これは他の11カ国が99〜100％であるのと比較すると見劣りする。

農産品5品目には貿易障壁が残る。コメは，輸入枠の拡大のみでほとんど影響をうけない。小麦や牛肉には，ゆっくりとした価格低下が見込まれるが，乳製品などには依然として複雑な保護体系が残る。貿易自由化により消費者が受ける恩恵はほとんどない。

農業に対しての負の効果はごくわずかである。TPPによる貿易障壁撤廃を明示的に考慮した内閣官房推計によると農林水産物の生産減少額は1300〜2100億円となる［木村 2016a］。

（2） TPP と RCEP（東アジア地域包括的経済連携：Regional Comprehensive Economic Partnership）の相違

ここでは TPP と RCEP の相違についてふれてみる。

まず，参加国については TPP は12カ国（日本，米国，マレーシア，シンガポール，ベトナム，ブルネイ，カナダ，メキシコ，オーストラリア，ニュージーランド，チリ，ペルー），RCEP は16カ国（ASEAN10カ国（シンガポール，インドネシア，マレーシア，フィリピン，タイ，ブルネイ，ベトナム，ラオス，ミャンマー，カンボジア）＋6（日本，中国，韓国，インド，オーストラリア，ニュージーランド））である。TPP には中国及びインドは不参加，RCEP は，インドが参加し米国が不参加である。TPP は米国が主導，RCEP は ASEAN が中心性を原則としている。対象分野においては，TPP が21分野，RCEP は8分野である。TPP は知財権の保護強化や国有企業の規制といった新しいルールづくりを目指すが，RCEP においてはそれはない［石川 2016a：33-46］。

TPP は，2010 年 3 月に交渉開始，2015 年 10 月合意，2016 年 2 月に
TPP 協定に署名され，今後は各国の批准を待つ状況である。RCEP は，
2012 年 11 月に交渉開始，2015 年 11 月の ASEAN 首脳会議において
2016 年内に交渉だけを期待する共同声明が発表されている［大木 2016：
91-94］。

(3)　TPP，RCEP の効果

TPP 及び RCEP はいかなる効果をもたらせるのか。

TPP は RCEP よりアグレッシブに映る。というのは，労働，環境の
規制，競争政策，国有企業，知的財産権，インターネット・デジタル経
済の規制により高い基準を設けているためである。RCEP は，発展途上
国に特別な待遇を約束しているため発展途上国は参加しやすい環境にあ
る。

TPP 及び RCEP はルールに基づいて貿易システムのなかで補完的に
行われるべきである。まず第 1 に，一部のアジア諸国は双方に参加する
ことにより一定の恩恵を受ける。具体的にはマレーシアをはじめ
ASEAN4 ヵ国や日本がそれにあたる。

第 2 に，双方は地域全域にまたがる「アジア太平洋 FTA（FTAAP）」
に合体できる。理想的には TPP の高水準の自由化に併せて，RCEP の
発展途上国の事情を考慮した先進国とは異なる待遇及び追加参加を組み
合わせた地域全体の協定づくりである［ガネシャン・ヴィグナラジャ 2016］。

(4)　RCEP 交渉

RCEP 交渉の流れを検討する。

RCEP 交渉は 2013 年 5 月の第 1 回会合が行われて以降，2016 年 6 月

までに 13 回開催されている。閣僚会合は 2015 年 8 月の第 1 回以降，2016 年 8 月までに 4 回開催された。合意目標は 2015 年末までを予定したが，各国の主張の隔たりが大きいため遅れ，物品貿易のモダリティ（交渉の枠組み）に合意したのは 2015 年 8 月の閣僚会議であった。それゆえ，交渉の合意目標は同会議で 2016 年末に延期された。

RCEP の交渉分野は，「基本指針と目的」によると，物品貿易，サービス貿易，投資，経済・技術協力，知的財産，競争，紛争解決の 8 分野である。RCEP は包括的な協定である。例えば，標準・強制規格・適合性評価手続き（貿易の技術的障害：TBT），衛生植物検疫（SPS），原産地規則，税関手続と貿易円滑化，貿易救済措置は，物品貿易分野に含まれ，電子商取引と中小企業も交渉分野となっている。政府調達と貿易救済措置について第 13 回交渉会合時点で専門家による協議が続けられている〔石川 2016b〕。

（5） アジア太平洋自由貿易圏（Free Trade Area of the Asia-Pacific）とは
メガ FTA は最終的に FTAAP を目指すという目標がある。

FTAAP は，アジア太平洋地域に APEC 加盟国をメンバーとする広域の FTA を構築し，貿易・投資の自由化と幅広い分野の経済連携を目指す構想である。

TPP は 2016 年 2 月に署名が行われ，TPP の発効と RCEP の合意がアジアの経済統合の現在の課題である。RCEP が締結できれば，アジア太平洋 FTA（FTAAP）が次の課題となり，TPP と RCEP の統合がその道筋といわれてきた。TPP が発効すれば，TPP に参加表明している国が今後増加することから TPP が FTAAP になる可能性が高い。ただし，高いレベルの自由化に慎重なインドやカンボジア，ラオス，ミャンマー

などの参加は当面は難しい。また，TPP の発効の見通しも不透明である［石川 2016b］。

TPP（環太平洋経済連携協定）の交渉妥結以降，交渉に参加していなかった多くの国が加入を検討するドミノ効果が始まっている。インドネシアと韓国は TPP 交渉が終了した 2015 年 10 月に参加希望を表明した。台湾も 2016 年 5 月，TPP への参加に意欲的な新政権が発足した。フィリピン，タイも参加を検討している。

なぜドミノ効果が生じてくるのか。

その理由として，まずあげられるのが貿易転換による負の効果である。特恵関税は参加国からの輸入のみに適用されるので，最恵国待遇ベースの関税との差が大きい場合，輸入元を非参加国から参加国に切り替えられてしまう可能性がある。これを貿易転換という。第 2 に，TPP には多くの国が参加しているので，原産地規則が連結され，3 ヵ国以上は接続される効率的な生産ネットワークを組むことが容易となる。裏返せば不参加国にとっては不利な状況となる［木村 2016］。

　お わ り に

本章においては，まず，インドシナ諸国において劇的な変化をしているミャンマーについてとりあげた。具体的には経済特区（ティラワ，ダウェー，チャオピュー），外銀への銀行免許の付与，外資法等の改正といった形で進んでいる。規制緩和も進んでいる。このような状況のなか域外諸国はどのような進出を行っているのかは，新聞記事等からうかがえる。これらについては第 1 節で検討したが，中間層の勃興があげられる。これは日本企業等が進出する際のターゲットとなるマーケットである。こ

の層が勃興しているからこそ消費がのぞめる。また平均年齢が 20 歳台と若い国が多い（国連の「World Population Prospects The 2015 Revision」（http://esa.un.org/unpd/wpp/）（2016 年 12 月 29 日アクセス）ミャンマーは 2015 年で 27.9 歳）。日本と異なり少子高齢化ではなく，言うなれば「多子低齢化」ともいえる国の姿が経済成長とともに魅力的なマーケットとなっている。例えば，日本からの公的援助という点に関しては，2016 年 9 月 7 日の東アジア首脳会議において，安倍首相はミャンマー国家顧問兼外相のアウン・サン・スー・チーと会談し，ヤンゴンとマンダレーを結ぶ鉄道建設などを中心としたプロジェクトに円借款で 1250 億円の経済援助を決めた（『日本経済新聞』2016 年 9 月 8 日）。ミャンマー新政権には中国等も接近しており，経済援助で先行し関係強化を図っている。これはとりもなおさずミャンマーを重要視していく 1 つの代表例である。ASEAN の結節点の要衝という位置づけもある。それに加え，第 2 節では制度面でいかに地域連携が行われているのかについて検討した。FTA・EPA のみならずいわゆるメガ FTA と呼ばれる TPP，RCEP 等について考察をした。そして，そこにいかに WTO が関わり今後の課題としてなにがあげられるのかを検討した。これは広域の FTA を構築し，貿易・投資の自由化と幅広い分野の経済連携を目指す構想である。

　TPP は 2016 年 2 月に署名が行われ，TPP の発効と RCEP の合意がアジアの経済統合の現在の課題である。RCEP が締結できれば，FTAAP が次の課題となり，TPP と RCEP の統合がその道筋といわれてきた。高いレベルの自由化に慎重なインドやカンボジア，ラオス，ミャンマーなどの参加は当面は難しい。

　また，南シナ海の領有権問題等により米中の関係も今後に大きく影響してくる。第 1 に，中国は南シナ海の領有権問題においてフィリピン，

ベトナム，インドネシア等と関係悪化しているのは周知のとおりである。フィリピンは四半世紀ぶりにクラーク空軍基地，スービック海軍基地等にフリゲート艦を配備し米国軍とも協力態勢をとる姿勢を示している。

　インドネシアも 2016 年 8 月 16 日の新聞報道ではカリマンタン島北西のナトゥナ諸島において監視を強化している。

　このような政治的関係性のなかで，経済において米国主導の TPP に中国は参加をしていくのか。参加するとすれば米国は中国に対していわゆる国家資本主義の再考を要求することになると考えられる。RCEP は TPP への対抗策ということになるのだろうが，元来 ASEAN が提唱したこの RCEP を ASEAN 諸国は対中国という視点でまとまれるかが課題である。2016 年 9 月 8 日の東アジア首脳会議においても議長国ラオスとともにカンボジアは中国に遠慮し，2016 年 7 月 12 日の南シナ海のハーグ仲裁判決の遵守を盛り込めない状況であった（『日本経済新聞』2016 年 9 月 9 日）。日米のみがこのハーグ判決の遵守を迫ったが，当事国のフィリピンでさえ態度を決めきれていない。アキノ前大統領が反中の急先鋒で強硬であったにも関わらず，ドゥテルテ新大統領になってからのフィリピンは，反中か親中かのスタンスが不明瞭である。ブルネイ，インドネシアは反中という姿勢である。ASEAN がまとまれない状況では今後の中国の南シナ海の不当な実効支配への対抗策の欠如を示唆している。今後日米等が当該地域へ積極的に関与し ASEAN といかに協力をしていくのか模索しなければならない現実にあることを痛感させられる。

　RCEP に参加している 16 ヵ国の投資関連協定の締結状況に関しては。ASEAN は ASEAN 包括的投資協定（ACIA）を 2012 年に発効した。ACIA は投資保護及び投資自由化並びに円滑化と促進を目的としている。投資前の内国民待遇，[7] パフォーマンス要求の禁止，ISDS を含む全 49

条の文字通り包括的な投資協定である［石川 2016c］。

　政治的に中国によりもたらされている新しい動向に関して，今後東ア
ジアの地域統合にどのように影響するか，するとすればいかなる点なの
か，今後注目していく必要がある。

　また，それに加え TPP と RCEP がよりよく連携し企業等が進出しやす
い環境づくりが望まれている。現在の FTA のなかでは，TPP が唯一
の FTAAP に至る 4 つの要素（参加国が APEC メンバーである。それに加え自
由参加型で高水準かつ拘束性）を兼ね備えているものである。今後，APEC
のすべてのエコノミーが TPP に参加すれば，FTAAP が実現されるこ
とになる。換言するならば，TPP の拡大が FTAAP 実現に向けた最も
現実的な道筋と言える。

　第 2 に，WTO と FTA の折衷をいかに求めていくかである。もとも
と FTA は WTO の遅滞等の背景からできたものである。それをメガ
FTA と広げ，WTO メンバーへいかに波及できるか。そのための制度設
計が今後望まれてくる。換言すれば，WTO による FTA ネットワーク
の構築である。

　ここでの課題は，松下［2015］の指摘するように第 1 にリーダーシッ
プを誰がとるのか，第 2 にこの課題としてメガ FTA が形成途上であり
進行中であることを鑑みるといつできるのかが不明であることである
［松下 2015：1-13］。

　FTAAP へとつながる課題を引き続き注視したい。

　注
　1 ）『日本経済新聞』2016 年 6 月 23 日。
　2 ）『日本経済新聞』2016 年 8 月 12 日。

3） 『日本経済新聞』2016 年 5 月 17 日。
4） 『日本経済新聞』2016 年 7 月 9 日。
5） 『日本経済新聞』2016 年 8 月 10 日。
6） 『日本経済新聞』2016 年 7 月 9 日。
7） 内国民待遇とは，協定において相手国の投資家（あるいは投資企業）と投
　資財産に対し自国の投資家（あるいは投資企業）及び投資財産よりも不利で
　ない待遇（同等の待遇）を与えるという規定。

第 2 章

東アジア共同体構想からみた
ASEAN 諸国の紐帯

東アジア共同体構想からみた ASEAN 諸国の紐帯は現在にいかにつながってきているのか。それに関して考察したものが，本章である。

はじめに

東南アジアはいかなる針路をとっていくのか。ASEAN 結成（1967 年）から 50 年の歳月が経った。東アジア共同体構想を考えていくうえで，ASEAN の動向をまずみていくことから始める。最近のニュースで大きく取り上げられている問題が南シナ海の領有権問題である。中国と ASEAN のうちの関係諸国（フィリピン，ベトナム等）がその領有権を争い互いの主張を繰り返している。そこでの対立は，ASEAN の結束力という点においてもその紐帯にほころびを見せているということも垣間見える。例えば，2012 年 7 月 8 日からカンボジア・プノンペンで開催された ASEAN 外相会議においても，南シナ海の領有権をめぐり，共同声明にその対立点を盛り込むか否かという点が争点となり，その収拾が難儀を極めていた。一枚岩ではない ASEAN がこれから崩壊していくのではないかという懸念さえ出されている。今後の ASEAN はいかなる針路をとっていくのか。

それらについて，東アジア共同体構想を中心的課題に掲げ，その問題点を洗い出し，そこから ASEAN の将来的展望はいかに浮彫りにされてくるのか。そして，どのように解決策は展望できるのかという視点から本章を起筆していくことにしたい。

1．日本の企業と ASEAN とのつながりの経緯

では，まず，1980 年代中盤にさかのぼり，バブル直前の円高基調の起点となった 1985 年 9 月のプラザ合意後の超円高をみていく。その背景として，日本企業がタイやマレーシア，インドネシアなどの ASEAN 諸国へ海外直接投資（FDI）を積極的に行ったことがその契機となり，ネットワークづくりが始まっていたことがある。その後，他のアジア企業は無論，欧米企業をも巻き込んで，民間企業ベースによるインフォーマルなネットワークづくりが始まった。

他方，政府間のフォーマルなアジア統合への過程においては，2000 年 5 月，ASEAN＋3 によるチェンマイイニシアティブ（CMI）からスタートしている［山下編 2010：iv］。

2．チェンマイ・イニシアティブ（CMI）

1997 年のいわゆるアジア経済通貨危機に求められるとする見方がある。1997-98 年のいわゆるアジア通貨危機以降はいかなる動向がみられるのだろうか。

99 年 11 月，マニラで開催された ASEAN＋3 首脳会議において，通貨・金融分野での「東アジアにおける自助・支援メカニズムの強化」の必要性について合意された。これを受け，00 年 5 月にチェンマイで開催された ASEAN＋3 蔵相会議において，(a)すべての ASEAN 加盟国を含み得る形での ASEAN スワップアレンジメントの拡大，及び(b) ASEAN，中国，日本及び韓国との 2 国間通貨スワップ取極及びレポ取

極のネットワークの確立を内容とする「チェンマイ・イニシアティブ」について合意された。

また，2004 年 5 月の ASEAN＋3 財務相会議において，同イニシアティブに関して，その有効性を強化するために，新たにワーキンググループを立ち上げて，見直しに向けた検討を開始することで合意した（外務省ホームページより）。では，日本財務省ホームページのなかから，チェンマイ・イニシアティブについて，みてみることにする。

2000 年 5 月の第 2 回 ASEAN＋3 蔵相会議（タイ・チェンマイ）においては，東アジア域内における通貨危機のような事態の再発を防止するための二国間通貨スワップ取極（BSA）[1]のネットワークの構築等を内容とする「チェンマイ・イニシアティブ（CMI）」が合意されました。その後，2003 年末までに，日本を含む 8 カ国の間で BSA のネットワークが構築され，当初想定していたネットワークは完成した。

2006 年 5 月の第 9 回 ASEAN＋3 財務大臣会議（インド・ハイデラバード）では，CMI の強化のための見直し作業を完了するとともに，地域における流動性支援のための，より発展した枠組み（「CMI のマルチ化」もしくは「ポスト CMI」）が図られてきている。CMI マルチ化以前はいかなるものであったか。

CMI は，二国間通貨スワップ取極（BSA）のネットワーク，ASEAN スワップ協定（ASEAN Swap Arrangement：ASA），により構成される。

BSA のネットワークとは，「（スワップの発動方法や条件を規定する）基本原則」に基づく通貨スワップ取極を ASEAN＋3 各国が二国間ベースで多数締結するもので，締結相手の選択は各国の判断に任されている。スワップの発動条件は，基本的に IMF 融資とリンクしている（但し，締結されたスワップ総額の 20％までは IMF 融資とのリンク無しに発動可能）。

ではCMIマルチ化後についてはどうか。

2010年3月，CMIマルチ化契約が発効した。一本の契約の下で，通貨スワップ発動のための当局間の意思決定の手続きを共通化し，支援の迅速化・円滑化を図るものであった。スワップの発動条件は，BSAと同様である。

これまでCMIのネットワークに参加していなかった，ASEAN新規加盟国（ブルネイ，カンボジア，ラオス，ミャンマー，ベトナム）を含め，すべてのASEAN加盟国と日中韓が参加することとなった（計13ヵ国）。

その経緯を少しくみてみる。

1997～98年のアジア通貨危機後，このような事態の再発を防止するため，東アジアにおける金融協力の必要性についてこれまで議論が行われた。

1999年11月にフィリピン・マニラで開催された第3回ASEAN＋3首脳会議において，「東アジアにおける自助・支援メカニズムの強化」の必要性に言及がなされた。2000年5月にタイ・チェンマイで開催された」第2回ASEAN＋3財務相会議において二国間通貨スワップ取極のネットワークの構築等を内容とする「チェンマイ・イニシアティブ（Chiang Mai Initiative：CMI；以下CMI）」を合意するに至った。

その後，CMIの下で，2003年末までに，日本，中国，韓国，インドネシア，マレーシア，フィリピン，シンガポール，タイの8ヵ国の間で通貨交換（スワップ）の形式によって，短期的な資金の融通を行う取極（Bilateral Swap Arrangement：BSA；以下BSA）が交わされた。BSAのネットワークが構築され，当初想定していたネットワークは完成した。

ネットワークの完成を受け，2004年5月の第7回ASEAN＋3財務大臣会議（韓国・済州島）において，CMIの有効性を強化するための見直

しに向けた検討を開始することで合意がなされ，作業部会において検討が進められた。

　検討の結果，2005 年 5 月トルコ・イスタンブールでの第 8 回 ASEAN＋3 財務相会議では，CMI をより効果的かつより規律ある枠組みにする方策として，域内経済サーベイランスの CMI の枠組みへの統合と強化，スワップ発動プロセスの明確化と集団的意思決定手続の確立，規模の大幅な拡大，スワップ引出しメカニズムの改善を行うことが合意され，以後，こうした合意をそれぞれの BSA に反映していく作業が進められた。2006 年 5 月に開催されたインド・ハイデラバードの第 9 回 ASEAN＋3 財務相会議では，2004 年の第 7 回 ASEAN＋3 財務相会議以来の CMI の強化のための見直し作業が完了し，集団的意思決定手続の導入，地域経済の研究を目的とした経済・市場専門家で構成される専門家グループ（Group of Experts）及び早期警戒システムに関する作業部会の設置による域内経済サーベイランスの能力強化，スワップ規模の拡大が確認された。2006 年 5 月の第 9 回 ASEAN＋3 財務相会議では，さらに，地域における流動性支援のための，より発展した枠組み（「CMI のマルチ化」もしくは「ポスト CMI」）に向けて，可能な選択肢を検討する観点から，新たな検討部会（タスク・フォース）を設置することに合意した。同部会での検討を受け，2007 年 5 月の第 10 回 ASEAN＋3 財務大臣会議（日本・京都）では，CMI のマルチ化について，段階的なアプローチを踏みながら，一本の契約の下で，各国が運用を自ら行う形で外貨準備をプールすることが適当であることに各国間で原則一致した。また，2008 年 5 月に開催されたスペイン・マドリードでの第 11 回 ASEAN＋3 財務相会議では，CMI マルチ化の総額については少なくとも 800 億ドルとすることで一致した。

世界的な金融危機に対応するために 2009 年 2 月に開催された 2009 年 2 月にタイ・プーケットで開催された ASEAN ＋ 3 財務相会議において，マルチ化の総額を 1200 億ドル（名目）に増額することに合意した。その後の 2009 年 5 月の第 12 回 ASEAN ＋ 3 財務相会議において，すべてのマルチ化の主要項目について合意し，2009 年 12 月にマルチ化契約に署名，2010 年 3 月にマルチ化契約が発効した[2]。

3．東アジア共同体にみる ASEAN の実体（統合面）

本節においては，東アジア共同体構想についてみることで，そのアジア地域の連携等から何が読み取れるのか。1 つの手がかりとしたい。

東アジア共同体についての推進論に関しては，まず，是であるが，その根底には，戦後の日本の国益全般が米国一辺倒であることからの脱却がある。そのためには，ダブルトラックが必要となる。そのダブルとしてアジアにも目を向けていこうということがある。それは，米国市場よりもアジア市場が大きく膨れ上がってきているということもあり，現実の企業活動のなかでみても，進出を進めていることがある。そのためには，通商から始めていくべきであり，自由貿易圏を域内から作ることから開始していくべきではないかという認識である。

東アジア共同体こそ今後の日本が進むべき道であるというものである［谷口 2011：10-20］。

問題点としてあげられていることは，アジアとひとことでいっても EU のような地域と異なり，経済レベルも政治体制も宗教もその多様性を有していることは明らかである。

ASEAN 統合面からみてみると，ASEAN は，ベトナム戦争や文化大

革命などからの脅威をそのバックグラウンドとして，東南アジア地域の紛争回避，域内の結束強化及び経済発展などの促進をその目的として 1967 年に発足した。

設立当初は 5 カ国（シンガポール，インドネシア，マレーシア，フィリピン，タイ）であったが，その後，新たに 5 カ国（1984 年ブルネイ，1995 年ベトナム，1997 年ラオス，ミャンマー，1999 年カンボジア）が加盟し 10 カ国となっている。

機構面においては，最高政策決定機関である首脳会議のほか，外相会議など各種閣僚会議及び事務レベル会議などを設置して協議している。近年においては，2008 年に ASEAN 憲章を発効し，ASEAN の法人格を付与し，首脳会議を年 2 回開催し，外相レベルの調整理事会も年 2 回，共同体別の閣僚レベル理事会及び事務局強化（事務局長を閣僚級に格上げし，事務次長の 4 人体制）) など拡充が行われている。

2003 年に行われた第 2 ASEAN 共和宣言において，政治安全保障共同体，経済共同体，社会文化共同体から構成される ASEAN 共同体の 2020 年までの設立が合意され，それは 5 年前倒しされ 2015 年に ASEAN 経済共同体が発足した。

政治安全保障共同体においては，人権促進，法の支配，南シナ海宣言の完全実施，ARF 強化などを，社会文化共同体においては，貧困の削減，教育アクセス促進，ASEAN 言語の促進などを通じ，ASEAN アイデンティティの促進を意図している。

経済共同体とは，その競争力強化の緊急性のもとで生まれたものであり，単一市場・生産拠点に向けた統合の加速化を実現するために，モノ，サービス，投資，熟練労働者，資本の自由などのフロー面を充実させることを目指している。シングル・ウインドウ設立の実施を 2005 年に行

い，査証免除を 2006 年に行い，航空貨物サービス及び航空旅客サービスを 2009 年に行うなど各分野において，その自由化及び円滑化の協定が署名・発効している［赤尾 2011：92-93］。

東アジア経済統合の実現にあたっては，当該地域において経済規模の大きい国，すなわち日本並びに中国，韓国の間での FTA の締結が不可欠である。しかしながら，この 3 ヵ国間においては，FTA 及び EPA がない。日中韓においての EPA 交渉は 2003 年から開始されたが，2004 年 11 月から中断している。

また，ASEAN＋3 の東アジア FTA（EAFTA）に積極的な中国と，中国の影響力を危惧し ASEAN＋6 での東アジア包括的経済連携協定（CEPEA）推進をベースとしている日本においてその対立がある。日本が CEPEA を提唱している東アジアサミット（ASEAN＋6）は，2011 年から米国，ロシアを含め ASEAN＋8 で行うこととなった。CEPEA に関して米ロを加えて行うのか，EAFTA のスタンスに立つ中国側に立つのか。今後の検討課題である［赤尾 2011：98］。

4．地域貿易協定と多角的貿易体制（WTO などとの多角的貿易体制）との関係

本節においては，地域貿易協定と多角的貿易体制との関係という視点からみてみる。学者の間でも議論が分かれており，しかも批判的な意見が多い中，政策立案担当者はリージョナリズムの方向へ向かっている。

21 世紀にはいってから，アジアは急速に地域貿易協定が結ばれている。

また，新しい要素として，内容的面において従来の FTA と比べ包括

的であること，具体的には，関税自由化のみならず，サービス，投資，競争政策なども含んでいる。

　ここで提起されてくるのは，RTA（Regional Trade Agreement）の評価に関してである。

　政策立案者としては，自らの政策のインパクトがいかなるものであるかという情報収集をしている。さらに言えば，いかにして成功裏にアジアをグローバル化の潮流のさなかに統合しうるかという問題である。

　この RTA に関して，2 つの分析アプローチがある。従来のものとして，ヤコブ・ヴァイナーの「関税同盟の理論」（"The Custums Union Theory"）に基づくものであり 1950 年以降に発展してきた理論である。

　アジアの現実のなかでみてみれば，RTA が交錯している状態であり，そうなると異なった複数の規制モデルが域内に生まれてくる可能性があり，それらがお互いに相容れないものとなってしまう可能性がある。

　リージョナリズムが世界の多国間貿易体制にとりプラスかマイナスかと問われればまだ結論づけられない。

　確かにメリットはある。リージョナリズムは WTO の多国間貿易交渉より早く進むだろうということである。WTO が頓挫しているゆえである。しかし，マイナス面もある。原産地規則などを含めた非関税障壁や新たな規制モデルを構築する際の追加的コストなどである［ギャヴィン 2010：142-48］。

　このように RTA とは世界全体の多国間主義に基づく貿易自由化を促進する傾向があるものの，賛否両論があるものなのである。

　もともと枠組みの点からアジアのなかで問題提起がなされている。「ASEAN＋3」をベースにしていくことに加えて，「アジア 3＋5」モデルの 8 カ国と APEC21 カ国・地域という 2 つの地域枠組みがあるとい

う点である。

　この 8 カ国モデルに関して，多くのエコノミストが意見を述べている。ラッガーズ大学のマノランジャン・ドゥッタ（Manoranjan Dutta），ピッツバーグ大学のフーリー（Hooley）教授，UCLA のレティーチェ（Letiche）教授などである。これらのエコノミストに共通しているのは，まず「アジア 3＋5」モデルによる FTA の構築からアジアの地域統合を開始するべきであるという点である。現実的にそういう流れになっている。

　例えば，ASEAN 地域フォーラム（ARF）は安全保障に関する会議であるが，ASEAN 首脳のみならず，日中韓首脳も参加している。それでは，この 8 カ国をまとめていく力が作用するかという問題であるが，アジア諸国は，過去に複雑な歴史関係があったため，まとまっていくのは難しいと言えよう。しかし，共通のアジア的市場経済を志向する力はあるといえる。

　今後取り組まねばならないのはこの 8 カ国でさらに近隣諸国を経済統合に参加させていくという点である。ここで，APEC がその先行例として参考にできると考える。もともと APEC は 1989 年設立以降，経済のダイナミズムを拡大させ，アジア太平洋地域の共同体意識を醸成していくことがその目標であった。開かれた貿易，経済協力などを意図していた。そして，発展途上国に対しては，2020 年までに自由貿易を確立していこうという合意も含んでおり，その意味でも APEC は参考になる［柳 2010：149-55］。

　APEC がうまく機能していないので，現在様々な RTA が締結されているのではないかという点についてみてみると，APEC は，WTO の無差別原則又は，自由貿易というものとさほど矛盾しない。むしろいわゆ

る開かれた地域主義に基づくものであると思う。

ただし，その APEC に対してのアジア諸国の信頼性が喪失されているように感じられる。その発端は，1997 年のアジア通貨危機の際に APEC が対応できなかったということがあげられる［佐藤 2010 : 171-83］。

5. 東アジア共同体構築への提言

東アジア共同体構想に関して，様々な論者が多彩な議論を繰り広げている。すべてを網羅できないが何点かを紹介していきたい。

- 米国と敵対せず ASEAN をその中核にする。それに日中韓が協力する形をとり，重層的で緩やかな統合体を形成する。
- 統合の原点は，歴史的な「敵との和解」と繁栄にあること。
- 金融危機に強い共通通貨構想を形成していく。

地域統合は 1 つではない。統合のコアは ASEAN であり，日中韓はそれをささえる。制度化が進んでいないアジア諸国において，すでに 10 に及ぶ地域共同体が存在している。例をあげれば，米国を含む APEC，ARF，ASEAN＋3，ASEAN＋6，6 カ国協議（韓国，日本，米国，北朝鮮，ロシア，中国），インドを含む SAARC，上海協力機構，ASEM など。無理に 1 つにまとめる必要があるのだろうか。

ASEAN＋3，ASEAN＋6 は，日中の綱引きが根底にあるが，その主導権争いをおき，インドも含めれば，世界の人口の半分，BRICS の 3 カ国を含む極めて巨大なアジア地域圏が現出してくる。

日本が，日米同盟を国是としている間に，米国や欧州は中国との連携を進めている。さらに ASEAN＋8，APEC，TPP など様々なフレーム

を使ってアジアの地域統合へ歩を進めている。

　日本は，米国と結びながら，中国やインドとも結んでいくことでアジア経済圏の確固たる地盤を構築するか，または，没落し続ける米ドルを買い続け，米中和解の後塵を拝することになるのか。これが今後の将来を左右することになるだろう［羽場 2011：27-29］。

(1)　農業問題と地域統合

　農業のせいで国益が失われるという「農業保護対国益」という図式によりこの問題を考えていくことは的を外れた議論である。今まで農業が障害となって FTA が進まなかったから一気に TPP を進めるしかないという日本の議論も考えていくところが多々ある。確かに，日本農業の弱体化が進行している現状のなかで，農業改革が必要であることは言を俟たない。TPP 問題をそのきっかけとして強い農業を実現するための政策体系を再構築していくことは重要である。しかし，TPP 問題を農業問題に矮小化し，農業改革を行えば TPP に参加できるかのような議論の展開は問題のすり替えである。ゼロ関税では，意欲ある農家もつぶれてしまう。そもそもその前提に無理があることを認識すべきである。我々が行うことは TPP を急ぐことではなく，アジア諸国はお互いに配慮しあい柔軟なアジア圏を構築するなかで成長のエネルギーを共有するための地盤をつくることにある。東アジアにおける広域経済連携の推進は，いまだ参加国の範囲も特定できず，入口から脱出できずにいる。このことが TPP への傾斜を強める一因となっている。東アジアの広域連携強化を入り口論から具体論に展開していくことが急務となっている。

　EU 統合の原動力が CAP（共通農業政策）であったように，賃金格差に基づく大きな生産費格差という異質性を克服し，東アジア各国の農業が

共存できるような FTA 利益の再分配政策としての東アジア版 CAP を
いかに構築していくかがアジアの広域経済連携推進のカギとなる。日中
韓の 3 ヵ国に限れば，3 ヵ国の GDP に応じて共通の補てん財源を作り，
日本は生産調整を解除して補てん基準米価を 1 俵 1 万 2000 円程度に設
定，日本の負担額を 4000 億円におさめるには，日本のコメ関税率を
186%程度まで引き下げられることを示した。このような状況になれば，
コメ自給率は大幅に低下することなく，環境負荷も大きく増大すること
なく，中国や韓国の負担額もそれほど大きくならない。仮に，関税をゼ
ロにすれば，日本と韓国への必要補填額はそれぞれ 1.3 兆円，6600 億
円，日中韓の負担額は，それぞれ 1.4 兆，4200 億円，1600 億円となる。
とりわけ日本は大きくなり現実的ではない ［鈴木・木下 2011：60-63］。

(2) TPP（環太平洋経済連携協定）との関連について

TPP は，アジア太平洋の 9 ヵ国（シンガポール，ニュージーランド，チリ，
米国，豪州，ブルネイ，ペルー，ベトナム，マレーシア）において交渉してい
る FTA のことであり，その特徴として，自由度レベルが高く対象分野
が包括的であるという点があげられる。TPP の基盤となっているのは，
2006 年に発効した P4 である，TPP はこれを拡大発展させた協定とい
うことができる［石川 2012：20-27］。

ASEAN に加盟している国で TPP 加盟交渉に参加している国として，
ベトナム，ブルネイ，マレーシア，シンガポールの 4 ヵ国がある。TPP
は FTA の一部であるので，日本はこれら 4 ヵ国とは三重に FTA を締
結することになる。

ベトナムは，現在，自動車の輸入関税が 70〜80%という状況である。
この関税をすぐに撤廃するということは，現状では困難である。マレー

シアにおいては，コメの自給率は70％ほどでほかはタイから輸入している。TPPに入って2005年のコメ完全自給を放棄するとは考えにくい。筆者はほかの経済学者同様，農産品の貿易自由化推進派であるが，経済学外的なファクターから農産品を保護するということも今後考えなければならないかもしれない。

FTA締結における効果という側面では，加盟国間において貿易が拡大する。それにより，日本においては農業などの比較劣位部門が縮小する，そして比較優位部門は拡大する。FTAの発効により，経済構造変化を通じ，経済が成長する。いわゆるダイナミック・エフェクトである。

FTAは，経済統合の第1段階であるといわれるが，ベラ・バラッサが提唱した5段階（FTA→関税同盟→共同市場→経済同盟→完全な経済統合）というものがある。TPPはFTAであるので経済統合の最初のステップであるとも言い換えることができる。しかし，この段階までで関税同盟まで進んだ例はない。

ASEANは2015年にASEAN共同体を形成する潮流となっている。そのバックグラウンドには，中国の経済力の強靱さがある。南沙諸島の領有問題に関し，国内に華人を多く抱えるASEAN諸国にとっては政治課題でもある［吉野 2012：10-18］。

（3） FTA包括締結で経済共同体へ

ASEANには，注目すべき理由が2つある。

第1に，ASEANが東アジアの地域統合において先頭ランナーとして走っていることである。

第2に，東アジアの統合及びその協力のフレームワークにおいて多数を占めることである。

10 ヵ国で構成される ASEAN は，東アジア共同体ができた暁には，その多数を占めることは確実である。それは換言すれば ASEAN の動向次第で東アジア共同体が進む方向が決まってくるということである。

ASEAN は，AFTA の完成につづき，2015 年 12 月 ASEAN 経済共同体は設立された。経済共同体は，政治安全保障共同体，社会文化共同体とともに，ASEAN 共同体を構成するものである。ASEAN 経済共同体は「物品，サービス，投資，熟練労働者の自由な移動，資本の自由な移動」の実現及び ASEAN 域内の格差是正をその目標としている。

ASEAN 経済共同体は EU 型の共同市場ではない。関税は撤廃され FTA は実現しているが，関税同盟には至っていないので，自由に移動できるのは，原産地規則を満たしたもののみである。サービス貿易に関しては，すべての分野で開放することになっているが，モード 4（サービス供給者の越境）は，どの程度自由化されるかはクリアになっていない。

人の移動に関しては，熟練労働者に限定され，投資においては，投資前と投資後の内国民待遇を認めるなど自由化が進んでいる。ASEAN 経済共同体は，日本の EPA（経済連携協定）及び自由化・円滑化などの対象範囲が重なる「FTA＋（プラス）」であり，通貨統合の計画はない。

東アジア共同体の内容の具体化はまだ不明瞭なところがあるが，経済共同体は不可欠のファクターであり，その基盤となるものである。経済共同体を実現していくためには，物品の貿易を自由化する FTA からサービス・人・資本の自由化へと進むことが喫緊の課題である。物品貿易においては，関税撤廃のみならず，製品規格の相互承認や税関手続きなど貿易円滑化を実現していくことが不可欠となる。

包括的な東アジア FTA の締結が東アジア経済共同体の実現へ向かう大きなステップとなる。TPP をはじめとした東アジア FTA は次の 4 つ

の構想が並存しているのが現状である。

　この4つの構想のうち最も実現性が高いのがTPPである。米国は，ASEANとのFTAに関しては，2国間交渉でなく，TPPへの参加を要求している。ASEAN各国の参加が進む可能性が強い。日本でもこの面での参加を検討し，適当な時期に参加していくことになるだろうことは不可避である［石川 2011：41-43］。

おわりに

　2012年7月8日からカンボジア・プノンペンで開催されたASEAN外相会議においても，南シナ海の領有権をめぐり，共同声明にその対立点を盛り込むか否かという点が争点となり，その収拾が難儀を極めていた。一枚岩ではないASEANがこれから崩壊していくのではないかという懸念さえ出されている。今後のASEANはいかなる針路をとっていくのか。

　それらについて，東アジア共同体構想を中心的課題に掲げ，その問題点を洗い出し，そこからASEANの将来的展望はいかに浮彫りにされてくるのかという点について考察してきた。

　この考察のなかで以下のような潮流をみてとれ，その今後の課題として論点をまとめ今後の論考につなげていきたい。

　第1に，米国と敵対せずASEANをその中核にする。それに日中韓が協力する形をとり，重層的で緩やかな統合体を形成する。これは本章冒頭にもふれたが，米国のみならず，中国との関連という点が現実に起こっている。

　ベラ・バラッサが提唱した5段階（FTA→関税同盟→共同市場→経済同盟

→完全な経済統合）からすると，TPP は FTA であるので経済統合の最初のステップであるとも言い換えることができる。しかし，この段階までで関税同盟まで進んだ例はない。ASEAN 経済共同体は EU 型の共同市場ではなく，今後は，FTA 問題のみならず相互承認や税関手続き等の円滑化が望まれる。

　また，経済共同体を実現していくためには，物品の貿易を自由化する FTA からサービス・人・資本の自由化へと進むことが喫緊の課題である。

　こうみてくると，大変な難題ばかりが待ち受けている。しかし，その切り口を探すという点も意識して本章を記述してきた。しかし，まだその論点へのアプローチが浅い。さらに切り込んで行かねばその大きな本丸への接近はできない。これらの動向について今後も注視していくことでその問題点や展望をさらに浮彫りにしていきたい。

　注
　1）　Bilateral Swap Arrangement（BSA）。通貨交換（スワップ）の形式によって，短期的な資金の融通を行う取極めのこと。
　2）　財務省ホームページ（http://www.mof.go.jp）（2016 年 12 月 29 日アクセス）から。

第3章

東アジアの地域連携からみる日本の戦略的政策

2013 年時点での東アジアの地域連携に見る日本の戦略的政策に関して考察したものが本章である。最初に中国にふれた。それは中国の動向を考察していくことでほかのアジア諸国がいかなる影響を受け，今後いかなる針路をとりうるのかのヒントを探る 1 つの契機になると考えたからにほかならない。

は じ め に

近年のアジアの環境は政治経済ともに不安定であり，その様子をメディアでの報道をもとに日本国民が不安を抱きながら見守っている。

何を手がかりとしてどのような観点でこの問題を考えていけばよいのか。この問題は日本だけの問題ではなく今後のアジアの行方，ひいてはアジア太平洋，世界への問題として顕在化してきている。

TPP をはじめ国際的な市場開放が叫ばれている昨今，いかに経済連携をはかっていくべきなのか。そのために現状はいかなる問題があり，そのための施策はいかにすべきか。それらについて考えてみようというのが本章の問題の中心である。

1．中国の近年の経済の動向

本節では，2000 年以降の中国に関してみてみたい。

中国は，2000 年代に年率 10％の高成長を続け，2008 年のリーマン・ショック後欧米諸国は経済低迷を続けるなかにおいても経済成長を継続し，2010 年には日本を抜き GDP で世界第 2 位に躍り出た。

中国は 31 の直轄市・省・自治区からなるが，1 つの省単独で周辺諸

国に匹敵する経済規模を持っている。例えば，地域総生産が中国で最大の広東省はASEANでGDP最大のインドネシアに匹敵する規模がある。

さらに貿易面においても，輸出は世界第1位，輸入は第2位を占めた。外貨準備高は2011年末で約3兆1800億ドルと世界第1位の規模となっており，また，米国債の保有残高も世界第1位（約1兆1500億ドル）となるなど（第2位は日本で約1兆600億ドル），国際社会における発言力を増している。

中国経済を概観してみると，2011年の中国経済は，インフレの抑制が経済政策の最優先課題とされ，金融引締め政策がとられる中で，年央からは欧州債務危機から欧州向け輸出が鈍化をはじめ，輸出の比重の高い沿海部を中心に経済成長が減速した。

実質GDP伸び率は2011年通年で9.2%と，依然として底堅い成長を維持したものの，伸び率にやや鈍化が見られる。四半期ごとの推移を見ると，2012年の第1四半期まで5四半期連続で成長率は低下している。

需要項目別に見ると，2011年全体で，外需は寄与度がマイナスに転じる（2010年：1.0%→2011年：−0.5%）一方で，内需は堅調を保った。投資がやや減速するものの，大きな寄与度を維持（同5.6%→5.0%）し，消費も拡大（3.8%→4.8%）した。

2011年の社会消費品小売総額は堅調に推移した。品目別に見ると，購入補助金の終了した自動車，家電は伸び悩む一方で，食品，衣類は好調を持続している。

投資に関してはどうか。固定資産投資は高い伸びが続いているが，やや鈍化している。業種別には，2009年に講じられた4兆元の景気対策で活発化した道路・鉄道等のインフラ投資の寄与度が縮小，特に2011年7月に浙江省で起こった高速鉄道事故後は鉄道投資が急速に減少した。

一方，製造業投資の寄与度は拡大し，不動産業の投資も堅調で住宅バブルといわれる住宅価格高騰を招き社会問題となった。

外需面においては，2011年の貿易は，輸出入とも拡大し貿易収支は黒字が続いている。しかし，毎月の輸出伸び率の推移を見ると，2011年半ば以降，欧州債務危機の影響を受けて，EU向けを中心に輸出が鈍化してきている。また，輸出の鈍化に対応して，輸入も同様に年央以降は鈍化が続いている。

国際収支は，中国は，経常収支で黒字を計上するとともに，高い成長率は海外からの投資も引きつけ資本収支も流入超を続けた。さらに人民元の上昇を抑えるための市場介入もあって，これまで外貨準備は増大してきた。しかし，2011年は経常黒字が縮小するとともに，第3四半期に資本収支の純流入額は前期に比べて減少し，第4四半期は流出超となった。このため外貨準備が減少に転じた。

物価と金融政策に関してはどうか。

2009年に前期比マイナスまで低下した消費者物価は，2010年を通じて上昇し，預金基準金利も上回り，2011年初頭には抑制目標である4％を超える水準まで上昇していた。特に国民生活に影響の大きい食品価格の上昇が著しい

人民元は，リーマン・ショック後，事実上のドルペッグに戻っていたが，2010年6月に人民元相場を弾力化し，その後は，米ドルに対して小幅な上下を繰り返しながら緩やかに上昇してきた。ただし，中国経済の減速とともに，最近は元レートの下落が続く事態も見られ，一方的な先高感は薄れてきている。このような中で，中国人民銀行は，2012年4月に人民元の為替レートの変動幅を，これまでの1日当たり，上下0.5％から1％に拡大した。

第3章　東アジアの地域連携からみる日本の戦略的政策　77

　対内直接投資に関しては，中国への対内直接投資は，2009 年の減少の後，2010 年，2011 年は増加した。また，金額的な増加とともに，投資対象業種，地域も次第に広がってきている。投資対象業種は，依然として製造業向けが大きな投資額を維持しているが，最近はむしろ不動産のほか，卸・小売業，ビジネスサービス等の非製造業向けが拡大している。

　対外直接投資については。中国政府は，2000 年代初め頃から，中国企業の積極的な海外進出（「走出去」）を提唱しており，この方針に沿って，政府支援の下，対外直接投資は急速に拡大している。投資対象業種としては，リース・ビジネスサービスが最も多く，金融，卸・小売業が続いている。また，投資先として，香港，ヴァージン諸島，ケイマン諸島等を通じた投資が多い。

　中国は，短期的な景気動向に係るリスクとともに，中長期的な成長に係る課題も抱えている。中国は GDP 総額では世界第 2 位に上昇したが，1 人当たり GDP ではまだ低い水準にあり，過去において途上国の経済がある程度の水準に達した後，成長が停滞して，それ以上の所得水準に移行することができない，いわゆる「中進国の罠」（中進国の罠とは，世銀と中国国務院発展研究中心の共同レポートによれば，途上国は，発展の初期には，労働力や資本を農業のような低生産性部門から高い生産性を持つ製造業にシフトさせることで高い生産性上昇を得ることができる。しかし，やがて農村の余剰労働力が枯渇し，このような産業間のシフトがなくなると，反対に賃金の上昇によって，それまで得ていた低賃金による国際競争力を喪失する。また，技術のキャッチアップも進み，イノベーションによって生産性を上昇させ，新しい成長の源を見つける必要があるとしている。この罠に陥らずに高所得国の仲間入りした国として，日本，韓国，シンガポール等が挙げられている）に陥った例は多い。例えば，シン

ガポール，韓国と中南米諸国は 1960〜1980 年頃，1 人当たり GDP でほ
ぼ同じ水準にあったが，シンガポール，韓国は上昇が続く一方で，中南
米諸国は長らく足踏みが続いている。中国が更に高い所得水準に向かっ
て成長を続けることができるかどうかについて高い関心が持たれている
［経済産業省編 2012：105-12］。

2．TPP と日本

メキシコとカナダが，相次いで，TPP（環太平洋戦略的経済連携協定）交
渉に参加することが決定した。すなわち，両国は，2011 年 11 月に，日
本とともに TPP 交渉に参加する方針を示していたが，それぞれ，2012
年 6 月 18 日と 19 日に，米豪などの TPP 交渉参加国 9 ヵ国すべてから
の承認を取り付けた。これにより，米，カナダ，メキシコという
NAFTA（北米自由貿易協定）の加盟国すべてが，TPP 交渉に参加するこ
とが決まった。このことは，TPP の枠組みの，政治的・経済的価値を
一層高めることになる。

NAFTA は，人口約 4.5 億人，GDP 約 17 兆ドルの成熟した巨大市場
である。一方，TPP 交渉参加国のうち，シンガポール，ブルネイ，マ
レーシア，ベトナムといった東南アジア諸国は，今後の世界経済の成長
センターと目される，エネルギッシュで有望な新興市場である。また，
オーストラリアは天然資源に恵まれたユニークな存在である。TPP は，
自由主義，公正なルールの遵守，開放性，透明性といった諸理念によっ
てこれらを結び付ける，文字通り「環太平洋」の壮大な自由貿易の枠組
みとしての性格を，より明確にしたといえる。もちろん，TPP は，上
述の諸理念に反対する勢力にノーを突きつける意味もある。理想的には，

WTO・GATT 体制の下に通商上のあらゆるルールが一元化できればよいのだろうが，それは現実的な話ではない。TPP は，その規模からいっても，自由貿易に関するルール作りにおいて，WTO・GATT 体制を補完し，理念を発展させることのできる存在であると期待できる。

このようなことになってしまっている最大の原因は，やはり，日本の農業への保護主義的姿勢である。民主党政権の歴代農水大臣は TPP に慎重姿勢であった。もちろん，交渉では，センシティヴ品目の決定が重要な議題となるのだから，一切の自国産業保護がいけない，などというわけではないが，日本の態度は，真剣さを疑われても仕方がない。また，震災後の日本の極めて内向きな姿勢も大きな原因の 1 つである。

経済規模からいっても，本来的に貿易立国である点からしても，TPP 交渉参加がなかなか承認されないことは，日本自身にとっても，国際的な自由貿易体制にとっても大きな損失である。TPP 交渉参加実現に向けて，最大限の努力をする必要がある。それには，当然，政治の強いリーダーシップが必要となる。なお，オバマ政権の米国では TPP にいささか不熱心であるとの指摘があった。これは，オバマ氏自ら打ち出した「アジア回帰」と矛盾し，オバマ政権のアジア太平洋政策に疑問を抱かせる原因の 1 つであった。ただ，選挙の年には，米国は保護主義の方向に振れる傾向がある［飯田 2011：36-47］。

おわりに

本章においては，政治経済的に昨今不安定さを増す北東アジア地域において，今後日本がいかなる手がかりを模索できるのか。その際にはどのような観点でこの問題を考えていけばよいのか。すでに日本だけの問

題ではなく今後のアジアの行方，ひいてはアジア太平洋，世界への問題として顕在化してきている問題にどう対処すべきかという関心を探ってきた。

　また，TPP をはじめ国際的な市場開放が叫ばれている昨今，いかに経済連携をはかっていくべきなのか。そのために現状はいかなる問題が山積しており，そのための施策はいかにすべきか。

　まず，様々な日中韓協力があるが，そのなかでも日本が重視して，サミットでも取り上げられた分野で特記すべきことは，3 首脳間で海上捜索救助 2（Search and Rescue）に関する協力強化の重要性を再確認したことである。特に日中間では，2012 年やっと日中間で海上捜索・救助協定を原則合意できたという段階であり，サミットでそれをさらにすすめていくことが確認できたことの意味は大きい。

　第 2 に，経済連携における TPP であるが，東アジア共同体の内容の具体化はまだ不明瞭なところがあるが，経済共同体は不可欠のファクターであり，その基盤となるものである。経済共同体を実現していくためには，物品の貿易を自由化する FTA からサービス・人・資本の自由化へと進むことが喫緊の課題である。物品貿易においては，関税撤廃のみならず，製品規格の相互承認や税関手続きなど貿易円滑化を実現していくことが不可欠となる。

　包括的な東アジア FTA の締結が東アジア経済共同体の実現へ向かう大きなステップとなる。TPP をはじめとした東アジア FTA はさまざまな構想が並存しているのが現状である。

　最も実現性が高いのが TPP である。米国は，ASEAN との FTA に関しては，2 国間交渉でなく，TPP への参加を要求している。ASEAN 各国の参加が進む可能性が強い。日本でもこの面での参加を検討し，適当

な時期に参加していくことになるだろうことは不可避である。

　まだ，不明瞭な絞り込みしかできないが，今後いかなる針路をとりうるのかを注視していきたい。

第4章

ASEAN 経済共同体（AEC）からみた
東南アジアの将来的方向性

はじめに

　本章は，2015 年 12 月末に発足した ASEAN 経済共同体（AEC）について 2014～2015 年時点を中心として考察を行ったものである。具体的には，第 1 に，日本企業と ASEAN とのつながり，第 2 に，AEC に関しての議論はいかに行われて来たのか，そして統合面における ASEAN の実態はいかなるものなのか，第 3 に，それでは AEC とはそもそもいかなるもので，いかなる特徴を有しているのかについて記述したものである。早期から地域統合に向けた動きが活発であった北米や欧州に比べ，アジアは長く地域統合の後進地域といわれてきた。

　しかし，21 世紀に入り，アジアにおいても地域統合への潮流が活発化してきた。このドライバー的役割を演じたのが ASEAN であった。ASEAN は自由貿易協定（FTA）の中核となるべく周辺諸国との FTA を積極的に進めた。アジアにおける FTA は二国間協定から広域 FTA を目指す段階へと変化してきた。

　AEC とは ASEAN10 ヵ国による包括的な経済連携強化のフレームワークである。本章においては，東アジア共同体構想を中心的課題に掲げ，その問題点を洗い出し，そこから ASEAN の将来的展望はいかに浮彫りにされてくるのか。そして，どのように解決策は展望できるのかという視点から考察していく。

　今後の東南アジアはいかなる針路をとっていくのか。ASEAN 結成（1967 年）から 50 年の歳月が経った。AEC を考えていくうえで，ASEAN の動向をまずみていくことから始める。最近のニュースで大きく取り上げられている問題が南シナ海の領有権問題である。中国と

第 4 章　ASEAN 経済共同体（AEC）からみた東南アジアの将来的方向性　*85*

ASEAN のうちの関係諸国（フィリピン，ベトナム等）がその領有権を争い
互いの主張を繰り返している。

1．日本企業と ASEAN とのつながりの経緯

　まず，1980 年代バブル直前の円高基調の起点となった 1985 年 9 月の
プラザ合意後の超円高が開始された。その背景として，日本企業がタイ
やマレーシア，インドネシアなどの ASEAN 諸国へ海外直接投資（FDI）
を積極的に行ったことがその契機となり，ネットワークづくりが始まっ
ている。その後，他のアジア企業は無論，欧米企業をも巻き込んで，民
間企業ベースによるインフォーマルなネットワークづくりが始まった。
　他方，政府間のフォーマルなアジア統合への過程においては，2000
年 5 月，ASEAN＋3 によるチェンマイイニシアティブ（CMI）からスタ
ートしている［山下編 2010：iv］。AEC の直接の発端として 1997 年のい
わゆるアジア経済通貨危機に求められるとする見方がある。
　1997 年にはジョージ・ソロスたちの国際投機家により，通貨下落を
意図して，大量の空売りを仕掛けた。そこで，それら被害を受けた国家
がまず，金融支援を要請したのが IMF（国際通貨基金）であった。その金
融支援の条件として IMF が出してきたのが，財政緊縮政策をはじめと
した改革要求であった。アジア通貨危機をその教訓として，一時的に外
貨不足に陥った国家に対して，外貨をお互いに融通していうものである
［谷口 2011：13］。
　1997〜98 年のアジア通貨危機後，このような事態の再発を防止する
ため，東アジアにおける金融協力の必要性についてこれまで議論が行わ
れた。

1999 年 11 月にフィリピン・マニラで開催された第 3 回 ASEAN ＋ 3 首脳会議において，「東アジアにおける自助・支援メカニズムの強化」の必要性に言及がなされた。

ネットワークの完成を受け，2004 年 5 月の第 7 回 ASEAN ＋ 3 財務大臣会議（韓国・済州島）において，CMI の有効性を強化するための見直しに向けた検討を開始することで合意がなされ，作業部会において検討が進められた。

検討の結果，2005 年 5 月トルコ・イスタンブールでの第 8 回 ASEAN ＋ 3 財務相会議では，CMI をより効果的かつより規律ある枠組みにする方策として，域内経済サーベイランスの CMI の枠組みへの統合と強化，スワップ発動プロセスの明確化と集団的意思決定手続の確立，規模の大幅な拡大，スワップ引出しメカニズムの改善を行うことが合意され，以後，こうした合意をそれぞれの BSA に反映していく作業が進められた。2006 年 5 月に開催されたインド・ハイデラバードの第 9 回 ASEAN ＋ 3 財務相会議では，2004 年の第 7 回 ASEAN ＋ 3 財務相会議以来の CMI の強化のための見直し作業が完了し，集団的意思決定手続の導入，地域経済の研究を目的とした経済・市場専門家で構成される専門家グループ（Group of Experts）及び早期警戒システムに関する作業部会の設置による域内経済サーベイランスの能力強化，スワップ規模の拡大が確認された。

2006 年 5 月の第 9 回 ASEAN ＋ 3 財務相会議では，さらに，地域における流動性支援のための，より発展した枠組み（「CMI のマルチ化」もしくは「ポスト CMI」）に向けて，可能な選択肢を検討する観点から，新たな検討部会（タスク・フォース）を設置することに合意した。同部会での検討を受け，2007 年 5 月の第 10 回 ASEAN ＋ 3 財務大臣会議（日本・京都）では，CMI のマルチ化について，段階的なアプローチを踏みながら，

一本の契約の下で，各国が運用を自ら行う形で外貨準備をプールすることが適当であることに各国間で原則一致した。また，2008 年 5 月に開催されたスペイン・マドリードでの第 11 回 ASEAN ＋ 3 財務相会議では，CMI マルチ化の総額については少なくとも 800 億ドルとすることで一致した。

　世界的な金融危機に対応するために 2009 年 2 月に開催された 2009 年 2 月にタイ・プーケットで開催された ASEAN ＋ 3 財務相会議において，マルチ化の総額を 1200 億ドル（名目）に増額することに合意した。その後の 2009 年 5 月の第 12 回 ASEAN ＋ 3 財務相会議において，すべてのマルチ化の主要項目について合意し，2009 年 12 月にマルチ化契約に署名，2010 年 3 月にマルチ化契約が締結された。[1]

　では CMI マルチ化後についてはどうか。

　2010 年 3 月，CMI マルチ化契約が発効した。スワップの発動条件は，基本的に IMF 融資とリンクしている（但し，締結されたスワップ総額の 20％までは IMF 融資とのリンク無しに発動可能）。

2．AEC についての議論と AEC にみる ASEAN の実体（統合面）

　東アジア共同体推進の問題点としてあげられていることは，アジアとひとことでいっても EU のような地域と異なり，経済レベルも政治体制も宗教もその多様性を有していることは明らかである。

　ASEAN 統合面からみてみると，ASEAN は，ベトナム戦争や文化大革命などからの脅威をそのバックグラウンドとして，東南アジア地域の紛争回避，域内の結束強化及び経済発展などの促進をその目的として

1967 年に発足した。2003 年に行われた第 2 ASEAN 共和宣言において，政治安全保障共同体，経済共同体，社会文化共同体から構成される ASEAN 共同体の 2020 年までの設立が合意され，それは 5 年前倒しされ 2015 年に ASEAN 経済共同体が発足した。

3．AEC の内容

AEC を実現するためその行動計画として「ASEAN 経済共同体ブループリント（ASEAN Economic Community Blueprint 2008)」がある。ここにおいては，以下の 4 点の目標がかかげられている。それに加え，2008 年から 2015 年までの工程表（time table）が示されている。

第 1 に，単一の市場及び生産基地（a single market and production base)
第 2 に，競争力のある地域（a highly competitive economic region)
第 3 に，公平なる発展（a region of equitable economic development)
第 4 に，グローバル経済への統合（a region that is fully integrated into the global economy)

これらの目標を達成するために，物品，サービス，投資，熟練労働力の自由な移動を実現することが求められている。Hill and Menon［2010］も，指摘しているのが，ASEAN 域内貿易の比率が低位であること，域内 FDI 比率がさらに低いことである。このように ASEAN は AFTA の段階を卒業し AEC を目指す段階に入っているにもかかわらず，域内貿易のみならず域内直接投資においても依然として低位であり，域内経済協力を通して経済実態を具備した組織として発展しているかという視点でみてみるといささか貧困であるといわざるを得ない実態にある。域内

経済協力の実態が乏しい ASEAN において，AFTA を経て AEC を目指す真の狙いは，外国資本・外国製造業の誘致にある。上記の第 1 の目標のなかに，AEC は「単一の市場」のみならず，「単一の生産基地」を実現するとうたっていることにそれがあらわれている［西口 2014：7-10］。

おわりに

関税の削減はもちろんであるが，日系企業が期待しているのは，第 1 に，通関手続きの簡素化及び迅速化である（2015 年 7 月現在）。そのキーとなると思われるのは ASEAN シングルウインドウ（ASW）である。

今後，ASW を目指しての各国の手続きの電子化及び一元化が望まれる。

第 2 に非関税障壁の撤廃である。

具体的には，輸入制限やライセンス制度，輸出前検査等の義務化が導入された場合，結果的には取引コストの増大を招き，何のための関税撤廃か意義が薄れる。一部の国では，輸入ライセンス，強制規格といった保護主義的な色彩の措置の導入がいまだに根強く残っているのが現状である［伊藤 2015］。

また，非関税障壁以外においてもサービス投資の自由化や手続き面における迅速化，熟練労働力の移動という問題も浮かび上がる。さらに，ASEAN 合意事項における国内法及び各国規則に対しての遅滞も指摘されている［安藤 2015］。

今後，いかにビジネス環境面で変わっているのか，いかないのか。変わっていくとすればいかなる点でどのように変わるべきなのか。模索はいまだ始まったばかりである。

それらについて，東アジア共同体構想を中心的課題に掲げ，その問題点を洗い出し，そこから ASEAN の将来的展望はいかに浮彫りにされてくるのかという点について考察してきた。

注

1）財務省ホームページ（http://www.mof.go.jp）（2016 年 12 月 29 日アクセス）から。

第5章

メコン川流域開発（GMS）からみた
ASEAN 経済共同体（AEC）構想及び，
インドシナにおける経済連携構想

は じ め に

　本章は，メコン川流域開発（GMS）に焦点をあて，それが ASEAN 経済共同体（AEC）構想といかにリンクし，また，今後のインドシナにおける経済連携構想をどう牽引していくのか，いかないのかという視点で考察したものである。

　第 1 に地域連携における先行研究にふれた。第 2 に近年における中国及び東南アジア諸国の経済の現状，第 3 に，東南アジア諸国への日本企業の進出に関連し，いかにそれが GMS と関連しているのか，第 4 に，AEC との関連，第 5 に GMS の今後の行方というテーマで考察を行った。

　まず，経済連携については，今後の日本経済のみならず，アジア経済ひいては世界経済の試金石となる。経済連携という潮流のなかで各国の制度枠組みやビジネス実態等がいかに変わってくるのか。それはこれからの世界の経済の大きな 1 つの手掛かりとなる。これを追及していきたい。研究の背景として，2011 年に筆者が著した『アジアの地域連携戦略』（晃洋書房）では経済連携に関して言及した。広域の FTA・EPA はそうした貿易制度作りの手段である。しかし，重要なのは，いかにして付加価値の取り分の大きいところに日本として比較優位を持てるようにするかである。

　そのために，必要となるのは，高度人材及びグローバル人材養成のための教育政策，そしてそういう人たちを外国人も含めひきつけることができるかを最大の課題とする。

　東アジア地域統合の中心に位置し，6 億人を超える人口を抱えている

第5章　メコン川流域開発(GMS)からみたASEAN経済共同体(AEC)構想及び,インドシナにおける経済連携構想　　93

ASEAN は，中間所得層の成熟化に伴って，消費，生産の側面から有望な成長市場として期待されている昨今である。

　とはいえ，外資の集積において一定の発展は遂げたものの，一部に少子高齢化の波が漂ってきている。まず，1つは忍び寄る高齢化である。東南アジア各国は一見，国民の平均年齢が若く，人口が伸び続けているという印象がある。アジア開発銀行の調査によればタイ，インドネシア，ベトナムは人口に占める 60 歳以上の割合が，2005 年の 6 〜11％に対して，2050 年には，タイが 29.8％。ベトナムが 26.1％，インドネシアは 24.8％と軒並み 25〜30％に達する。日本が高齢化社会に突入した 2005 年の 26.5％のレベルに東南アジアがいくことになる。

　第 2 に，発展途上国は，廉価な人件費を呼び水として，外資系企業の工場を集積させて，一定レベルの工業化に達することはそれほど困難なことではない。しかし，賃金上昇による輸出競争力の減退（例えば 2014 年 12 月 21 日『日本経済新聞』1 面「日本企業の生産移転が続く東南アジア各国で労働者の賃金が急上昇している。2015 年の月額最低賃金はインドネシア，ベトナム，カンボジアで前年比 2 〜 3 割上昇し，一部の国では中国主要都市の 8 〜 9 割の水準となり，中国から東南アジアへ拠点を移転させてきた日本企業にとってコスト上昇要因となり，今後あらたな対応が迫られる」）や，産業の外国企業への高い依存度によって，その先の成長力は鈍化するおそれがある。経済発展の効果で，中間所得層は増加するが，それにより労働コストも上昇するため，より労働コストの低い最貧国へ外資の投資先が奪われるためである。「中進国の罠」とはこうした要因が絡み合い，中進国から先進国へ到達することがかなわず，経済が停滞若しくは衰退するケースを指すものである。

　具体的な国名をあげれば，シンガポールに次ぐ第 2 グループを走るタ

イ，マレーシアはこの中進国の罠にかかる可能性が指摘されている。アジア開発銀行（ADB）は 2011 年に発表した「Asia2050」において，ASEAN を含むアジア各国において「中進国の罠」への警鐘を行っている。

　換言するならば，この中進国の罠を克服できるか否かにアジアの将来は大きく左右されると言っても過言ではない。

　克服するための 1 つとして，技術革新を促進し，産業構造を底上げする必要である。それには人材育成が急務であり，理系人材や創造性豊かな起業精神を有した人材を多く育成するために，質の高い教育制度が必要である。

　しかし，これらの面での東南アジア諸国の対応は遅れているのが現状である。

　それは，ASEAN は工業化が進んだとはいえ，日系を含めた外資の集積による他力依存型であるからである。特に製造業をみても十分競争力のあるオリジナルな部品及び素材，並びに最終製品を開発・生産できる ASEAN 企業は皆無に等しい［深沢・助川 2014：222-29］。[1]

　このような人件費の上昇及び自国産業の育成が不十分なことにより，深刻な腐敗や，社会が不安定な状況に陥る局面も散見される。他方，中国は経済協力などによる影響力を駆使して，南シナ海の領有権問題等で ASEAN 分断を図ろうとしている。

　本章においては ASEAN の経済連携及び 2015 年に発足した ASEAN 経済共同体（AEC）の実像，また，アジア最後のフロンティアと呼ばれるミャンマーをはじめインドシナ諸国の開発を目的として 1992 年から開始されたメコン川流域開発（GMS：Greater Mekong Subregion）を考察し，そのおかれた課題，今後の展望について問題点を洗い出し分析していき

たい。

　経済連携というと戦後は GATT から WTO という枠組みで考察されることが多かった。事実，日本政府も 21 世紀に入るまでは WTO をその枠組みの中心においてきた。しかし，その合意がなされないまま進み，21 世紀にはいってからは FTA や EPA がその主たる位置づけとなってきた。

　その背景にあるのは，WTO である。

　その WTO は，現在 159 カ国が WTO（World Trade Organization：世界貿易機関）に加盟しているが，そのうち 34 カ国が国際連合の定義による後発開発途上国（LDC）である。WTO におけるドーハラウンドは，特に農業面，非関税障壁面等において WTO 加盟国間の利害が衝突した。そして現在でも行き詰まっている。2001 年にドーハにおいて開始された同交渉は，主要な合意に到達することができず現在に至っている。

　ドーハラウンドでは農業面において脚光を浴びている印象があるが，開発問題が主たるテーマであった。この視点において達成した事項に「無税・無枠措置」がある。これは 2005 年に香港閣僚会議において発表され，LDC からの輸入において無税無枠措置（Duty Free Quota Free：DFQF）を講じることを先進国及びそうするにふさわしいと考える発展途上国が約束するとしたものであった［伊藤 2014：4］。本章においては，第 1 に経済連携について概観した後，日本を含めた経済連携の在り方に関してその課題をみてみる。第 2 に，2015 年に発足した ASEAN 経済共同体に関してその残された課題を洗い出していく。第 3 に，インドシナ半島諸国を主として行われてきたメコン川流域開発（GMS）についてみていくことで今後の新たな地平が開けていくうえで「最後のフロンティア」とよばれるゆえんがあることを確認してみたい。

1．地域連携等についての先行研究

日本がFTAに熱心になったのは産業界の懸念に根差している。多くの学者が産業界の圧力の重要性に言及している［Pekkasen 2005：77-103；中川 2006：327；関沢 2008：40-41］。

FTA，EPA，TPPなど経済連携がメディアを賑わせているなか，今後の経済連携がいかに日本及びアジアひいては世界経済の潮流に大きな影響を与えるかをしることは喫緊の課題である。

では本研究に関してどのような新鮮さがあるのか。

経済連携に関しての研究は日本においては緒についたばかりで本格的な研究はまだ行われておらず発展途上である。

東南アジア諸国間の経済連携も進む。そして日系企業の進出も進む。その進出の際の関税等の利点がどのように生産拠点のシフトに効果をもたらせているのか。メコン川流域開発の進展とも関連づけてみてみる。高度人材及びグローバル人材養成のための教育政策，そしてそういう人たちを外国人も含めひきつけることができるような魅力的な街づくりなど，通商政策を大きく超える課題があげられる［白石 2013］。

2．近年における中国及び東南アジア経済の現状

まず，本節においては，近年におけるアジア諸国，特に中国及び東南アジアの現状を簡単にふれていく。

2012年以降，中国の実質経済成長率はいかに動いてきているか。前年比でみてみると8％を割り込み，2014年1〜3月期は同7.4％となり，

6四半期ぶりに低い伸びとなった。この背景としてあげられるのは，中国政府が雇用確保を前提とはしているものの，中長期的安定成長ゆえに，金融リスクの管理強化を含む構造改革に取り組んでいることが1つにあげられる。このようななか，金融市場において不安定性がみられるなど先行きをめぐってそのリスクもかいまみられる［内閣府政策統括官室 2014：83］。

　ASEAN諸国における経済面ではいかなる動きをみせているか。2013年に入ってからは，内需を主として総じて持ち直しているという状況が続いた。しかし後半に入ってからは，持ち直しの動きが緩やかになった。そして，2014年に入ってからは，景気は足踏み状態といえる。

　総じてみてみると，内需の動向に関しては各国においてばらつきがみられるが，外需に関しては世界経済の回復ゆえ，2013年末にかけて成長に対しての寄与を高めてきており，2014年に入ると鈍化するといううごきがみられる［内閣府政策統括官室 2014：100-101］。

3．ミャンマーへの日本進出企業の経済連携

　本節ではインドシア諸国の一国としてミャンマーを例に取り上げる。今後当該地域は日本企業の集積と経済連携という一大拠点となる可能性があるからにほかならない。というのは，ミャンマーでは，チャオピュー，ティラワ，及びダウェーにおいて経済特区づくりが新興しえいる。ミャンマー政府は日本に支援を要請しているのはティラワ及びダウェー経済特区である。

　とりわけティラワである。ティラワはヤンゴンとも近く河川港に面していて水深の浅さが問題点であるがティラワは東西経済回廊を通りヴェ

トナムのダナンまでつながっている［西口・西澤編 2014：304-308］。

ミャンマー南部には特区構想がかかげられている。最大都市ヤンゴン近郊のティラワ地区などで巨大特区が計画される[2]。

ただ，発電所や港湾などのインフラを新たに整備する必要があり，開発には巨費と時間がかかる。

以下ではミャンマーのティラワ経済特区の開発についてを取り上げてみてみる。

ティラワ SEZ 開発

開発の経緯

- 2012 年 12 月日本・ミャンマー両政府がティラワ開発に関する MOU を締結。
- 2013 年 5 月住友商事，三菱商事，丸紅の 3 商社連合がフィージビリティスタディ開始。
- 2013 年 6 月 JICA がティラワ周辺インフラ整備を含む総額約 500 億円の円借款供与を発表。
- 2014 年 1 月日緬合弁事業会社：MJ ティラワデベロップメント社（MJTD）設立。
- 2014 年 1 月クラス A 第 1 期回開発区域着工，改正 SEZ 法承認（現在，細則公表待ち）。
- 2014 年前半から第 1 期開発区の予約受付開始，すでに数十社が意向書を提出し，契約に向けて交渉中。
- 2014 年 5 月以降 SEZ 細則公表。

日本・ミャンマー政府が官民一体となって開発を進める「ミャンマー・ティラワ

第 5 章 メコン川流域開発(GMS)からみた ASEAN 経済共同体(AEC)構想及び,インドシナにおける経済連携構想 99

経済特区（SEZ）」プロジェクト

○豊富で安価な労働力（3253 万人＊2011 年 CIA-World Fact book より）。

○国民レベルでの対日感情のよさ。仏教徒の価値観。

○豊富な天然資源。広大で肥沃な国土。豊かな農産品。

○地理的重要性，優位性。対中，印，アセアン，そして，欧州，中東へ。

○消費市場としての魅力

○大きなインフラ需要

○特恵関税の適用（日本向け）

　日本貿易振興機構（ジェトロ）ヤンゴン事務所高原所長によるインタビューは以下のとおりである。

　　「ミャンマーの魅力とはやはり「チャイナプラスワン」，「タイプラスワン」を考える日本の製造業の方にとっては人件費の安さが魅力に映るようです。2012 年頃からストライキが増加し，最低賃金の引き上げも行われていますが，依然としてワーカークラスはネットで月 100 ドル前後で確保できます。他のアジア諸国と比べて圧倒的に安いことが競争力の源泉でしょう。他方で，生産拠点としてではなくミャンマーの「市場」を狙った日本のサービス業進出の相談が多いことに驚きました。まだ 1 人当たりの GDP は 1000 ドル以下の後発途上国ですが，富裕層が着実に増えていること，何より欧米企業や同業他社との競合が少ない「新規」市場であることが大きく関係しているようです。また，労働力の「質」に大きく影響しているのが国民の 9 割近くが信心深い仏教徒で構成されていることで

す。現世で「功徳」を積むことが善しとされていますから，礼儀正しく，他人に親切にすることを心がけている方が多い印象です。日本人としては「なんとなく居心地が良い国」という感覚を抱くかもしれません[3]」。

4．ASEAN 経済共同体についての動向

　2015 年に発足した ASEAN 経済共同体は，どのような動向を示しているのか。その点について本節においてふれていく。

　グローバル化ということばが巷間使われるようになってから久しい。これは人間や資本，商品並びに情報などが国境を越えて世界規模で動き回るということを意味している。その結果，地球上の異なる場所や地域が緊密に結びついていく。アジアを考えてみても 1980 年代まで，第三世界と呼ばれていたが，第一世界，第二世界とも緊密に結びつけてきた。

　本研究では，それら概念の中から越境という問題を「ASEAN 共同体」及び 1992 年からインドシナ地域で開始されたメコン河流域開発（GMS : Great Mekong Subregion）を中心にして考えていくことを主眼とする。

　まず，ASEAN 共同体の中でもその経済面での「ASEAN 経済共同体（AEC）」の目標及び行動計画は 2007 年に発表された AEC のブループリントで提示されてきた。

　物品の貿易においてはほぼ関税は撤廃されている。ただし，CLMV（カンボジア，ラオス，ミャンマー，ベトナム）の一部は 2018 年撤廃予定である［石川・清水・助川 2013 : 36-57］。

しかし，ここで問題になるのが，非関税障壁である。

関税削減・撤廃は着実に進展している。しかし，関税削減のみでは ASEAN 域内貿易拡大につながるとは言い難い。取引を妨げる慣行及び措置がある限り AFTA による経済効果は縮減を余儀なくされる。

ASEAN は貿易自由化には，非関税障壁を可視化した上での削減・撤廃が不可決と認識している。今後，ASEAN 加盟各国が，非関税措置・障壁に関する地域イニシアティブを補完する形での国家レベルの関係省庁合同の機関を模索している［石川・清水・助川 2013：56-59］。

5．メコン川流域開発（GMS：Greater Mekong Sub-region）

インドシナ諸国の経済動向をみるうえで欠かすことのできないプロジェクトが大メコン川流域開発（GMS：Great Mekong Subregion）である。

大メコン圏（以下 GMS）とは，メコン河の流域社会（中国雲南省，ミャンマー，ラオス，タイ，カンボジア，ベトナム）の経済開発や当該地域の経済発展を促進する目的で，各国を結ぶ南北及び東西の経済回廊のインフラ整備や，国際貿易の円滑化，民間部門の参加による競争力の強化，人材育成，環境保護等を促進することを目的として進められている開発プロジェクトである。

このプロジェクトは，アジア開発銀行（ADB）がその主導権を持ち，日本国政府も支援して 1992 年の第 1 回会合が持たれて以来進んでいる。そして，2000 年代に入ってからは，中国が積極的な関与を始めている。

ADB の GMS の提唱により同地域に大きな衝撃をもたらすこととなった。

従来は，それぞれの国が独自に開発を進めてきたが，GMS の提唱に

より，各国が連携及び協力をし，各国独自ではなく地域全体で浮揚するような志向がとられるようになった。

　換言すれば，ヒト，モノ，サービスの交流を促進するために，道路，鉄道などのインフラ網を整備し，国境をまたぐ東西回廊や南部回廊に結実する形となった。

　このGMSが本格化したのは1990年代初頭以降である。その背景には以下のような時代背景がある。

　第1に，冷戦の終結により，イデオロギー対立に終止符が打たれたことである。この潮流は当該地域にも押し寄せ1980年代から1990年代初頭にかけて社会主義体制をとっていたヴェトナム，ラオス，カンボジア，ミャンマーのインドシナ諸国（CLMV）が一斉に改革開放をし市場経済化を目指すこととなった。この開発計画の先駆けとなったのがGMSである。

　第2に，この時期にはASEANにおいても大きな変化があった。当該地域にもこの地の協力及び統合を推進するためのフレームワークとしての色彩を強くしていった。この地域統合の1つの起点となったのは，ASEAN自由貿易地域（AFTA）の提唱があげられる。これは1992年のシンガポールにおいて行われた第4回ASEAN首脳会議において創設が決定された。AFTAは翌1993年から15年かけて共通特恵関税（CEPT）を5％以下に縮減する，若しくは，撤廃を目指すという自由貿易地域を目するものであった［西口・西澤編 2014：292-300］。中国の内陸開発とともに大陸部東南アジアにおける将来をみるうえで大きなプロジェクトである。

　換言するならば，国境を超えるアクター（人間，資本など）の大量の往来が，メコン河流域圏の萌芽的な現出を導いている［清水 2013：56-59］。

ここで，キーワードとなるのが上述した国境をまたぐ「越境」という概念である。

かつて反共国家に対しての連合として始まった ASEAN（Association of South East Asian Nations：東南アジア諸国連合）が 1990 年代から域内の社会主義国家を包摂する大連合として歩んできた。

2000 年代に入ると域内の安定した経済成長が注目されるようになり，中国に対してのバランサーとしての存在をみせている。

論点として，2015 年以降の非関税障壁の継続的な取組についてみていく。具体的には第 1 に，電子的交換を行う ASEAN シングルウインドウ（ASW）についてみる。第 2 に 2015 年以降に「関税同盟」を目指すのか検討する。

関税に比して，非関税障壁（NTBs）分野における進捗は停滞している。AEC ブループリントを踏まえ，ATIGA（42 条）は NTBs の撤廃を規定しているが，「非関税措置は存在するが障壁ではない」と各国の主張の余地を残している形となっていることを鑑みても非関税障壁はいまだ残っていることは明白である。

これらについてその近い将来にいかに撤廃されるのか。撤廃されるとすればいかなる形で行われていくのか。それはどのような地域でどのような方法により計画され，どこの地域が先導的な役割をもって進めていくのか。これらについて注視していきたい。

既に 2010 年時点で 99％の品目に関しては，関税撤廃が実現している。また，CLMV（カンボジア，ラオス，ミャンマー，ベトナム）諸国についても 2018 年までに大幅な関税撤廃が実現する見込みとなっている。

このような潮流のなかで，その後のインドシナ諸国はメコン河流域開発とどう相乗的な関係をもたらしていくのか。

それは，ASEAN が EU をめざしていくのかということばで換言できるかもしれない。ASEAN が直面する新たな課題をも提示してきており，その具体的課題として，イノベーション，持続可能性，包括性をいかにもたらせることになるのかをみていくことにしたいと考えている。

この流れをつかむことは，アジアのみならず，世界の新たな潮流をつかむことにほかならないといっても過言ではないのではないかと確信している。

第1に経済連携について概観した後，日本を含めた経済連携の在り方に関してその課題をみてみる。

ここで，必要となるのは，高度人材及びグローバル人材養成のための教育政策である。そしてそういう人たちを外国人も含めひきつけることができるかが最大の課題である。

第2に，2015年に完成が迫った ASEAN 経済共同体に関してその残された課題を洗い出していく。物品の貿易においては，関税撤廃の実現は確実である。ただし，CLMV（カンボジア，ラオス，ミャンマー，ベトナム）については少し遅れている［石川・清水・助川 2013：36-57］。

しかし，ここで問題になるのが，非関税障壁である。

ASEAN は貿易自由化には，非関税障壁を可視化した上での削減・撤廃が不可決と認識している。今後，ASEAN 加盟各国が，非関税措置・障壁に関する地域イニシアティブを補完する形での国家レベルの関係省庁合同の機関を設置する。これについては注視していく必要がある。

第3に，インドシナ半島諸国を主として行われてきたメコン川流域開発（GMS）についてみていくことで今後の新たな地平が開けていくうえで「最後のフロンティア」とよばれるゆえんがあることを確認してみたい。

ここでキーワードとなるのが越境というものである。

2000年代に入ると域内の安定した経済成長が注目されるようになり，中国に対してのバランサーとしての存在をみせている。

注
1） Asian Development Bank "Asian Development Outllok（2011）update".
2） 『日本経済新聞』2013年8月28日。
3） 日本貿易振興機構（JETRO）「ティラワ SEZ 通信」2014年5月14日，Vol. 1。

第6章

ASEAN 経済共同体（AEC）の発足からみたメコン川流域の越境

本章では，ASEAN 経済共同体（AEC）の発足に伴い，メコン川流域の越境というキーワードにその問題関心の中心を据えた。というのは，最もホットな地域とよばれる当該地域が，今後，その将来像を描こうとする際に，ASEAN 経済共同体（AEC）発足に伴いいかなる開発がなされようとするのかという視点は，アジアのみならず世界の注目の的でもあり，今後の世界の経済を占うといっても過言ではないと感じるからにほかならない，

は じ め に

2015 年 12 月 31 日に ASEAN 経済共同体（AEC）の発足をみた。
そのような中で，メコン川流域開発はいかなる現状となっているのか。
メコン川流域の国々である CLMV（カンボジア，ラオス，ミャンマー，ベトナム）はどのような状況下にあり，いかなる課題があるのかをみていくことで今後の当該地域，ひいては東南アジア地域の将来を占う 1 つの手がかりとしたい。
まず，メコン川流域の国境及び越境という概念に焦点を当てて検討していく。
いわゆる「タイプラスワン」を支えるのは，メコン川流域を縦横に走る経済回廊をはじめとしたハード面と，AEC 実現に向けてのソフト面における制度整備，そしてそれをいかに実行していくかである。第 1 に，当該地域の「国境」による障壁をできる限り撤廃し，CLMV（カンボジア，ラオス，ミャンマー，ベトナム）に外資を誘致していくことができるのか。第 2 に，メコン川流域開発を中心によって，CLMV にどのような将来的展望が開けてくるのか。なぜなら，メコン川流域開発をはじめ

CLMV の国境を越えた概念の構築が域内各国のみならず世界からも望まれるからである。第3には，そこにはいかなる課題が存在し，どのような解決の手順を踏んでいかねばならないのか。本章ではそれらを探ることで当該地域のみならず東南アジアの将来を推察することを目的とする。

1．メコン川流域の現状

(1) ミャンマー

日本は 2013 年に，25 年ぶりにミャンマー政府と約 510 億円の新規円借款の供与に署名した。

各国援助でインフラ整備がなされれば，安価な労働コスト，ASEANと中国の結節点としてこの国への外資系企業進出が一段と本格化すると思われる。

アジア開発銀行（ADB）及び世界銀行も4半世紀ぶりにミャンマー支援を再開し，メコン諸国で手つかずであった，ミャンマー国内の幹線道路の整備が視野に入ってきている［深沢・助川 2014：210-32］。

ヤンゴンから南東に車で1時間ほどの場所にあるティラワ経済特区では，2012 年以降，同国及び日本が官民共同開発を進められている。

約 2400 ヘクタールの土地に日本の ODA（政府開発援助）により三菱商事，丸紅，住友商事が開発を進めている。

2011 年の民主化以降，ミャンマーにおいて同国及び日本が官民共同開発を進めているティラワ経済特区を取り上げてみる。

2015 年9月 23 日にはティラワ工業団地（経済特区）が正式に開業した。日本経済新聞の報道では，「発電所などの周辺インフラを完備したミャ

110

表6-1　2015年7月31日現在のティラワSEZ先行開発区域「ゾーンA」
最新契約締結状況

国	企業数	製品
日本	18	自動車関連，電子部品，手袋，環境，縫製×2，食品，カメラ三脚建材×2，梱包，ぬいぐるみ，職業訓練，物流×2，製靴，車椅子，ゴム製品
台湾	3	建材×，コンベア
タイ	3	建材，タンク，潤滑油
米国	1	製缶
香港	1	縫製
中国	1	縫製
スウェーデン	1	縫製
シンガポール	1	飲料容器
ミャンマー	3	樹脂成型，塗料，製缶
オーストラリア	1	製薬
マレーシア	1	セメント

注：土地サブリース契約締結企業：34社（170ha）（住宅商業施設35ha含む）
　　＊土地サブリース契約……MJTDとの土地予約契約締結を経て，投資認可ライセンスを取得した企業が
　　MJTDと締結する土地使用権に関する契約。以降，必要手続きを踏んだ上で，各投資企業はティラワ
　　SEZ内での工事着工が可能となる。[1]
出所：日本貿易振興会（JETRO）「ティラワSEZ通信」2015年8月14日（Vol. 9）。

ンマー初の大規模工業団地。一帯が経済特区（SEZ）に指定され，投資許認可手続きなども簡便になることで同国への製造業の進出が加速しそうだ。2014年春の区画先行発売以降，「日本やミャンマー及び米国等，13カ国・地域の47社が進出を決めた」と報じている[2]。このような状況をみても2011年民主化以降，東南アジアで最も劇的に経済面で変化しているのはミャンマーといっても過言ではない。今後のミャンマーの動向をさらにフォローしていく必要がある。

(2) CLMV

次にカンボジアを考察する。CLMVの中でも「タイプラスワン」の最有力候補として名前が挙げられるのは，カンボジアであるが，同国の歴史を紐解くと，ポル・ポト政権による虐殺や地雷等のマイナスイメージが喧伝されてきた。そのカンボジアに繊維産業等の軽工業のみならず，機械産業においても近年進出がみられる。カンボジア日本人商工会加盟企業数もみてみると，2009年時点では35社であったが，2014年6月現在では135社となっている。タイとカンボジアを結んでいるのは南部経済回廊であるが，同回廊は，バンコクからプノンペン，ホーチミンまで約900キロを繋いでおり，タイからの陸路において在カンボジア日系企業の生命線となっている。カンボジアに続いて他のCLMVについて現状を検討する。

国境に横たわる障壁を可能な限り軽減することが課題であるが，通関手続き面においては，通常，陸路で，国境を超えて部材，完成品等を貨物で運ぶ時には，輸出通関直後に輸入通関手続きが待っている。しかし，多国間・二国間協定によってそれらを簡素化していく傾向にある。例えば，輸出入両国共同により通関手続きを行う「シングルストップ検査」，両国車両の相互乗り入れを可能とする「越境一貫輸送」などがある。

相互乗り入れ可能化により，積み替えを不要化し，輸送時間の短縮や貨物破損リスクを軽減している。

メコン地域全体を戦略的に面として活用するにはCBTA（越境交通協定）の全面発効が有効である。CBTAは，越境交通の実現に向けてのソフトインフラの整備を目指すものであり，①シングルストップ・シングルウインドウによる税関手続き，②交通機関に従事している労働者の越境移動，③検疫等の各種検査の免除要件，④越境車両の条件，⑤

国際通貨貨物（トランジット）輸送，⑥ 道路や橋の設計基準，⑦ 道路標識，信号に関する事項等を規定するものである。

近年，投資先としてのみならず，市場として注目され始めているメコン地域であるが，依然として所得水準も低いため，また必ずしも事業転換に十分なインフラが整備されているとは言いにくい状況にあるのが課題である［助川 2014：193-204］。

2．メコン川流域開発（GMS：Greater Mekong Sub-region）と インフラ開発

大メコン川流域開発（GMS：Greater Mekong Sub-region）について検討することにしたい。

この GMS が本格化したのは 1990 年代初頭以降である。その背景には以下のような時代背景がある。

第 1 に，冷戦の終結により，イデオロギー対立に終止符が打たれたことである。

第 2 に，ASEAN が当該地域にもこの地の協力及び統合を推進するためのフレームワークとしての色彩を強くしていった。

中国の内陸開発とともに大陸部東南アジアにおける将来をみるうえで大きなプロジェクトである。

換言するならば，国境を超えるアクター（人間，資本など）の大量の往来が，メコン川流域圏の萌芽的な現出を導いている［清水 2013：56-59］。

日本が，GMS に取り組むようになった契機は，西澤［2010］，小笠原［2011］も言及するように，メコン地域への中国の影響力に対抗するものである。

第6章　ASEAN経済共同体（AEC）の発足からみたメコン川流域の越境　*113*

　中国にとって GMS は雲南省や広西省の開発とリンクしており，近隣諸国への影響力を増大させる上で重要なものである。日本にとっては中国の南下政策への対抗措置という意味合いも含んでいる。

　他方，2008 年のリーマンショックによる世界的経済の凋落に影響するものであった。少子高齢化の進む日本の内需に対する期待薄であり，今後アジア地域への地域経済統合を通じてダイナミックに変貌するアジアの潜在的な成長による内需を取り込んでいこうということもあった［石田 2014：2-30］。

　ここでキーワードとなるのが，上述した国境をまたぐ「越境」という概念である。

　ASEAN は 2000 年代に入ると域内の安定した経済成長が注目されるようになり，中国に対してのバランサーとしての存在をみせている。

　この流れをつかむことは，アジアのみならず，世界の新たな潮流を掴むことにほかならない。

　インドシナ半島に目を転じてみると，GMS のような地域経済協力のフレームワークによって大規模な道路整備がなされ，越境交通インフラとしての役割が与えられている。これは，陸路における地域一体のメリットを目指すものであり，国境を挟んだ大都市間若しくは産業集積間の輸送効率化が大きなテーマとなっている。

　その中心的なプロジェクトは経済回廊建設である。現在の ADB の定義では，経済回廊は 9 路線が確定している。日本においては，東西経済回廊，南北経済回廊，南部経済回廊の 3 つのルートが認知されている。

　東西経済回廊は，インドシナ半島を東西に結んでいる。これが開通したことにより，ラオスやタイ東北部の内陸都市は，ベトナムのダナン港を経て海へと繋がっている。更に最も西に位置するミャンマーのモーラ

ミャインはインドへの結節点になるとみられている。南北経済回廊は，インドシナ半島を南北に縦断する回廊である。

バンコクからチェンライまでのルートに加え，チェンライからミャンマー国境を越えて雲南省昆明まで北上するルート，チェンライからラオス国境を越えて昆明に達する 3 本の本線，昆明とハノイを結ぶ支線により構成されている。

南部経済回廊は，バンコク，プノンペン，ホーチミンを結ぶ路線である。

このうち南部中央回廊はバンコクからプノンペンを経てホーチミンに至る。プノンペンからはベトナム・クイニョン港へ至る北部サブ回廊があり，バンコクから海岸線に沿って進む南部沿岸回廊，南ラオスからカンボジア・シアヌークビル港につながるルートもある［春日 2015：198-205］。

3．ミャンマーとメコン経済圏

ここでは，ミャンマー及びメコン経済圏との関連を考察する。

2011 年，1988 年から 23 年間続いた軍政が終焉を迎えたミャンマーでは，民政移管がなされた。新政府の誕生により，同国を取り巻く国際環境も大きく変化した。欧米諸国は経済制裁を解除し，これにより国際社会への復帰をすることとなった。メコン地域においてもこのことは唯一のミッシングリンクであった懸案が解消されることを意味していた。では，この 23 年間のメコン地域はいかなる状況であったのか。

ベトナムとミャンマーの 1990 年代，2000 年代の経済発展をみると，最大の相違点は両国をとりまく国際経済環境にあった。ベトナムは米越

通商協定を締結し，WTO に加盟，先進諸国等からの経済協力を通じて世界経済への統合を進めた。他方，ミャンマーは，欧米諸国等から経済制裁を受け，国際開発金融機関や先進国からは経済協力を凍結されてきた。

今後のミャンマーを考察する上でポイントとなる点を幾つか挙げる。

第1に，ミャンマー国内のインフラを整備することである。世界銀行のロジスティックス・パフォーマンス・インデックス（LPI）によれば2012 年のミャンマーのランキングは世界 155 カ国中 129 位であった。

第2に，国境措置の円滑化である。国境付近でトラックの通行が足止めされたり，規則通りの通過が行えないといったことではインフラ整備を行っても，物流ルートとして利用が困難である。

第3に，少数民族問題である。ミャンマーでは国軍と少数民族の対話を進め改善できるかという疑問がある。国境地域に多く住む少数民族の協力なしには経済発展もなしえない［工藤 2014：141-55］。

新興メコン 4 カ国（ベトナム，カンボジア，ラオス，ミャンマー）において，2 億人の消費争奪のため，国境を越えて企業進出が加速している。

新興メコン 4 カ国の現状はいかなる状況になっているか，以下最近の新聞記事の報道から探ってみたい。

2015 年 9 月現在，消費争奪戦が激化している。イオンは 9 月 3 日，ベトナムにおいて 3 店目のショッピングモールをハノイに 10 月に開店すると発表した。

域内においても国境を越えた進出が加速している。

その背景には 4 カ国で人口が 2 億人近くあること，それに加え，当該地域の経済成長率が高いことがある。IMF の試算においても，2020 年の 4 カ国の GDP は 2013 年比 92％増とタイ（30％増）と比べてもより高

表 6-2　新興メコンに進出した主な企業

進出国	企業名	業態	内容
ベトナム	イオン（日本） ロッテマート（韓国） セントラル（タイ）	モール スーパー 家電量販店	国内 3 カ所目のハノイ店開業 2020 年に 60 店展開 グエンキムに 49％出資
カンボジア	イオン（日本） ビナミルク（ベトナム）	モール 乳製品製造	プノンペン郊外に 2 カ所目を計画 28 億円で新工場建設
ラオス	サヤム・インターナショナル（タイ）	免税品モール	国境沿いの経済特区に建設
ミャンマー	HAGL（ベトナム）	複合商業施設	住宅とオフィスを含む大規模開発

出所：『日本経済新聞』2015 年 9 月 4 日。

い伸びを示している。

　2014 年 1 月にホーチミン市に開業したベトナム 1 号店には年間 1300 万人が来場している。ベトナムの 2015 年 1 ～ 8 月の大型店販売額は，前年同期比 10.1％増，2014 年 1 ～ 8 月期の同 7.8％増から伸び幅が拡大している。電子製品や縫製品等の輸出増加を背景として，最低賃金は 2015 年 15％，2016 年も 12％伸びると予想されている。

　ミャンマーのヤンゴンでは，ベトナム不動産大手ホアン・アイン・ザー・ライ（HAGL）が商業施設のほか，高級マンションやホテルで構成する「HAGL ミャンマーセンター」を建設中である。商業施設は一部開業し，2015 年 10 月末にグランドオープンする予定で進められている。

　CLMV の 4 カ国は ASEAN においては後発国ではあるが，目覚ましい経済成長が続くことがその背景にある。国民の所得水準が向上することで消費市場としての魅力が高まっているからである。

　調査会社の英国ユーロモニター・インターナショナルによれば，CLMV4 カ国の小売市場は 2010 年に 567 億ドルであったのが，2014 年には約 2 倍の 1003 億ドルに達している。2019 年には 1764 億ドルになる見通しである。生活必需品のみならず，二輪車，自動車などの需要も

着実に伸びている。[3]

おわりに

　CLMV に外資を誘致していくことができるのか。メコン川流域開発によって，CLMV にどのような将来的展望が開けてくるのか。また，その国境という概念にも着目して今後について考えた。本章ではそれらを探ることで当該地域のみならず東南アジアの将来像を推察することを主たる目的とした。

　キーワードとなるのが，上述した国境をまたぐ「越境」という概念である。

　今後の課題として，ミャンマーを例に挙げれば，以下の3つがある。

　第1に，ミャンマー国内のインフラの整備があげられる。

　第2に，国境措置の円滑化についてである。

　第3に，少数民族問題である。ミャンマーでは国軍と少数民族の対話を進めて改善できるかという疑問がある。

　今後に大いなる期待がかかるが，上記のような課題も山積している。

注
1)　日本貿易振興機構（JETRO）「ティラワ SEZ 通信」2015 年 8 月 14 日，
　　 Vol. 9。
2)　『日本経済新聞』2015 年 9 月 24 日。
3)　『日本経済新聞』2015 年 9 月 4 日。

第7章

ASEAN 経済共同体（AEC）発足に伴う経済連携の現在と今後の潮流と課題

本章においては，2015 年 12 月末の ASEAN 経済共同体（AEC）発足に伴う経済連携の現在はいかなる状況にあり，今後いかなる潮流のもと進もうとしているのか，そしてそこいかなる課題があるのかを先行研究を中心として考察していきたい。具体的には，まず，第 1 に経済開発に関しての先行研究，第 2 に地域連携に関しての先行研究，第 3 にASEAN の域内経済連携と今後の潮流という視点で考察を行ったものである。

は じ め に

2015 年 12 月 31 日に ASEAN 経済共同体（AEC）が発足した。

これは，ASEAN（東南アジア諸国連合）に加盟する 10 カ国が域内の貿易自由化や市場統合等を通じて，成長加速を目指す広域経済連携の枠組みである。

域内人口は EU を上回る 6 億 2000 万人，域内総生産は 2 兆 5000 億ドル（約 300 兆円）に達する巨大な経済圏である。

AEC は 2003 年に域内貿易自由化をモノの貿易に限定のみならず，投資やサービスまで拡大することで ASEAN 加盟 10 カ国で合意していた。

現在では，創設メンバー 5 カ国にブルネイを加えて 6 カ国で品目別ベースで 98％以上の関税を撤廃済みであり，ベトナム，カンボジア，ラオス，ミャンマーは 2018 年までに全品目で域内関税を撤廃する予定である。

しかし，非関税障壁の撤廃，サービス貿易の自由化，規格の相互承認，人の移動の自由化においてはまだ道半ばであり今後の大きな課題である。AEC が EU と異なるのは，加盟国を拘束する法的縛りがないことであ

る。後発国は，先発国による市場席巻を恐れ規制強化の動きすらある。

このようななか，本章においては，まず経済開発及び地域連携に関してどのような先行研究等があるのか。そして現実の動向の背景としていかなるものがあるのか，そして現在の動向にいかに生かせるのかを検討していく。

次にASEAN域内経済連携の近年の潮流をみることでそのなかの課題を洗い出し，今後の針路を占ううえで何が課題であり，それにいかにアプローチできるかについて考えていく。

1．経済開発に関しての先行研究

(1) 経済開発

ではまず，経済開発について少し検討してみる。アマルティア・セン（Amartya Sen）は，経済開発及び自由との関係にふれている。人間の能力（capability）こそ人間の実質的な自由（substantial freedom）をもたらすとして「自由としての開発」を展開し，従来の1人当たり生産及び所得に焦点をあてる経済学とは一線を画した。「人間の自由の増大」というポイントから経済開発を考え，政治的決定や社会的選択への参加において，人々の自由の拡大が経済開発の目的であるとした［三木 2010：56］。

経済発展の程度を分析したのが，コーリン・クラーク（Colin Grant Clark）とウィリアム・ペティ（William Petty）である。クラークは，3段階に各国経済発展の状況を分類した。ペティは，経済発展の程度を分析した。クラーク・ペティの法則とよばれるのが，「経済学的には農業より工業が，工業よりサービス業が1人当たりの付加価値が大きい」というものである。

では，そのクラーク・ペティの法則についてみる。

低所得国から中所得国へ移行する際は，農業のシェアが徐々に小さくなり，工業のシェアが上昇する。中所得国から高所得国へ移行する際は，農業のシェアが小さくなり，工業及びサービス業のシェアが大きくなる。

この法則を中国にあてはめると，農業部門の GDP に占めるシェアは，1990 年の 26.9％から 2000 年には 14.8％に，2006 年には 11.6％と 1990 年の半分以下となった。他方，工業は，1999 年の 41.3％から 2006 年には 48.9％と増加，サービス業は 1990 年の 31.8％から 2006 年には 39.5％と増加している。

産業構造の変化と所得という側面でみると以下のようになる。

低所得国とは，GDP に占める農業の比率が大きく，工業の比率が小さい，サービス業の比率は上昇傾向である。中所得国は，GDP に占める農業の比率が低下し，工業の比率が大きくなりつつある。高所得国は，GDP に占める農業の比率が小さくなり，工業の比率が大きくなる。サービス業の比率も大きくなる［三木 2010：69-70］。

最後に，発展途上国の工業化理論について検討する。大別すれば，軽工業優先理論と重工業優先理論がある。前者は，資本蓄積力がない LDC にとり工業化を行う上で現実的な政策として提案されている。この関連の理論とすれば，ヌルクセ（Ragnar Nurkse）の『後進諸国の資本形成』（土屋六郎訳）に著された貧困の循環という視点である。これは，低貯蓄→低投資→低経済成長→低所得→低貯蓄の循環を意味している。

これは，ミュルダール（Karl Gunnar Myrdal）の『経済理論と低開発地域』（小原敬士訳）において循環的，累積的因果関係，逆流効果として説明されている。逆流効果とは，ミュルダールによれば，その場所以外で発生するあらゆる意味ある逆の変動を，あらゆる場所の経済的拡大の逆

流効果と呼ぶとしている［三木 2010 : 214-215］。

（2） 貿易と開発

　貿易と開発という視点で考えてみる。「貿易」の前提として分業という視点でみると貿易による開発とは「国際的な分業により「モノ」及び「サービス」を生産でき，それらを輸出することによる交換により結果的に多様なモノやサービスが消費できる」ということである。

　貿易はどうして起こるかという点で代表的なモデルが「比較優位」（Comperative Advantage）という概念である。

　生産技術の違いが比較優位を決めるというモデルがリカード（David Ricardo）による「リカード・モデル」である。

　他方，「要素賦存」の違いが比較優位を決めるというのが「ヘクシャー=オリーン・モデル」である。

　貿易と開発の仕組みは，第 1 に，いかなる国においても「比較優位（＝取り柄)」は存在する。よって，発展途上国は今，有している比較優位の分野に特化するならば，海外との貿易により外貨を獲得できる。

　第 2 に，上記で獲得した外貨を使い，現時点では得意ではないが将来的に得意としたい分野に投資を行うことで生産能力を伸ばせれば，この発展途上国は経済発展を実現することが可能となる，しかし，現実的には，「絶対優位」により輸出がなされることもあるので，輸出機会を得られない国も存在することは事実である。これが WTO 交渉の停滞等をもたらし今後の政策課題でもある［石戸 2015 : 76-92］。

2．地域連携等についての先行研究

　ある地域の貿易協定が締結されると，その域外の国の輸出産業は競争条件上，不利な立場に置かれることになるため，国内における地域貿易協定に対する賛否のバランスが崩れて，地域貿易協定を求める力が強くなり，このために当該地域貿易協定への参加を求めることになる。

　そのような現状のなかで付加価値の取り分の大きいところに日本としていかにして比較優位を持てるようにするかが喫緊の課題である。

　東南アジア諸国間の経済連携も進む。そして日系企業の進出も進む。その進出の際の関税等の利点がどのように生産拠点のシフトに効果をもたらせているのか。メコン川流域開発の進展とも関連づけてみてみる。

(1)　日中韓 FTA

　まず，ここでとりあげたいのは東アジア，特に北東アジアの3ヵ国についてである。この3ヵ国というのは日中韓を指す。その経済連携に関してである。

　日中韓サミットのプロセスについてはどうなってきたのか。日中韓サミットは，日本にとっての4大隣国といえる米国，中国，韓国，ロシアのうちの2ヵ国を含んでいる重要な枠組みであるというだけでなく，その実績においても，日本にとって有益な場となっている。なぜなら，日中韓3ヵ国は，二国間同士では，それぞれセンシティブな問題を抱えているが，3ヵ国が一同に会するサミットの場では，そうした問題をいったん脇において，協力が可能な点に焦点をあてたポジティブな議論を行うことができるからにほかならない。1998年の小渕・金大中会談の際，

第7章　ASEAN経済共同体（AEC）発足に伴う経済連携の現在と今後の潮流と課題　*125*

初めて小渕恵三首相（当時）より3ヵ国首脳会議の構想が提起されたときは，中国のGDPはまだ日本の5分の1程度であり，その成果を疑問視する見方が多かったが，今になって見れば，小渕首相（当時）にはその後の中韓両国の台頭を見据えた先見の明があったといえよう。その後，3ヵ国首脳の会談は，ASEAN関連首脳会議の際などに非公式の朝食会を開催しながら実績を重ね，2008年に第1回日中韓サミットを福岡県太宰府で開催して以降は，持ち回りで毎年開催している。日中韓首脳による会合は，このサミットの他にも，ASEAN関連首脳会議の際に行われており，年間2回開催されているわけであるが，それに伴って開催されることになった閣僚級会合の数は15にのぼり，さらに実務者レベルの会合になるとかなりの回数が行われている。そのため，今や日中韓協力の充実ぶりには目覚ましいものがあり，日中韓で行われている会議は，「会議のための会議」から「実質のある会議」に変貌を遂げているといえる。[1]

　日中韓FTAは，3ヵ国間の貿易及び投資を促進することのみをその役割としているわけではない。FTTAP（アジア太平洋自由貿易圏）の実現にも大きく影響してくるものであり，重要なフレームワークである。これに関しては，2010年から産官学の研究会がスタートし，2011年12月に最終報告書が提出され，2013年3月に公式協議が開始された。

　それ以降，計6度の首席代表による交渉会合を行い，物品貿易，原産地規則，税関手続き，貿易決済，サービス貿易，投資，競争，知的財産，SPS（衛生植物検疫），TBT（貿易の技術的障害），電子商取引等の広範な分野にわたって議論されてきた。2015年1月の第6回交渉会合（首席代表会合）においては，主に物品貿易，サービス貿易，投資等に関して集中的に議論がなされた［経済産業省編 2015：293］。

その手がかりとしてどのような観点でこの問題を考えていけばよいのか。この問題は日本だけの問題ではなく今後のアジアの行方，ひいてはアジア太平洋，世界への問題として顕在化してきている。

（2）　RCEP

本項では，RCEP について検討してみる。RCEP は，世界人口の約半分，GDP の約30％を占める広域経済圏を創設するものである。最終的には，FTAAP（アジア太平洋自由貿易圏）の実現を目指すものである。

当該地域をカバーする広域 EPA が実現すれば，企業にとっても最適な生産配分及び立地戦略を実現した生産ネットワークの構築が可能となる。これはひいては，当該地域における産業の国際競争力の強化にも繋がることとなる。それに加え，ルールの統一化及び手続きの簡素化により，EPA を活用する企業の負担軽減が図られることとなる［経済産業省編 2015：292］。

2011 年 11 月，ASEAN 議長国であるインドネシアは，首脳会議の場で，東アジア地域包括的経済連携（RCEP）構想を打ち出した。これはASEAN が能動的に進めたというより危機感から駆り立てられたという感が否めない。その契機となったのはホノルルで開催された第 19 回APEC において TPP 交渉が進展したことに起因する。TPP にはASEAN からはブルネイ，ベトナム，マレーシア，シンガポールが参加しているが，日本が TPP 参加に向けた協議開始をしたこと，カナダ及びメキシコも同会議で同調したことで，5 つの「ASEAN＋1」から TPPにそのアジア太平洋の貿易の枠組みが移ると危機感を有したことにある。また ASEAN が分断されるという意識も動いたと思われる。ASEAN で実現不可能なことは RCEP でも困難である。AEC の深化及びその統合

水準の引き上げ並びに，5つの「ASEAN＋1」FTA のさらなる改善が必要となる［助川 2015：200-203］。

　東アジア地域は，日中韓 FTA，RCEP において関税撤廃をめざし，TPP で高度な内容を目指していくという方向に進むのではないかと思われる。このように東アジアにおいては二国間 FTA・EPA に加えて，広域の FTA が交渉されつつあり，それぞれの枠組みへの参加国の重複もみられ，今後はこの広域 FTA への取り組みがさらに重層化し，相互に影響を与えるとみられる［中島 2013：88-98］。

3．ASEAN 域内経済連携の近年の潮流

　AEC の発足に伴い，ASEAN 域内では，物品，サービス，投資分野の自由化を行っている。物品については，1992 年に ASEAN 自由貿易地域（AFTA）が創設され，段階的な関税引き下げを実施してきたが，2008 年，この協定を見直し，より包括的な ASEAN 物品貿易協定（ATIGA）が署名された。ATIGA には，AFTA には盛り込まれていなかった貿易円滑化や税関，任意規格・強制規格及び適合性評価措置などが盛り込まれることになった。

　サービス分野においては，1995 年に「ASEAN サービスに関する枠組み協定」に署名し，協定発効後，段階に分けて自由化を行っており，2010 年時点で「第 8 パッケージ」の自由化を行っている。各国は 2 年に 1 回，自由化する目標項目数を決めており，その目標に合わせて規制緩和・撤廃を行っている。

　投資については，1998 年に「ASEAN 投資に関する枠組み協定」（AIA）に署名し，自由化，投資促進等含む投資分野への協力を行ってき

た。また，投資の保護については，ASEAN 投資促進保護協定（IGA）が
1987 年に署名された。2009 年には，これら 2 つの協定を一本化し，
「ASEAN 包括的投資協定」（ACIA）に署名した。ACIA は，その前身と
なる AIA，IGA の見直しおよび自由化，保護，円滑化，促進等を含む
包括的なものとなっている。[2]

では以下についていくつかの枠組みについて少し考察してみる。

まず，ASEAN 連結性マスタープランはいかなるものであるか。2009
年 10 月 25 日，第 15 回 ASEAN サミットにおいて，ASEAN コネクテ
ィビティに関する宣言を発出した。アジア開発銀行，世界銀行，
UNESCAP と協力し ERIA が策定に貢献した。2010 年 10 月 28 日第 17
回 ASEAN サミットで報告・歓迎をした。2015 年までの ASEAN 経済
共同体の創設に向けて，地域的，国家的，物理的，制度的及び人的連携
を強化することにより，経済成長，開発格差の縮小及び連結性の改善を
実現していくことを目指している。[3]

第 2 に ASEAN 域内協力を取り上げる。ASEAN がその存在意義及び
役割に関して最も厳しい批判を受けたのは 1997 年のアジア通貨危機が
ピークに達したときにさかのぼる。タイに端を発し，ASEAN 諸国に
次々と伝わった危機に対して ASEAN は何ら有効な手立てをとることが
できなかった。その教訓から新しい枠組みつくりが始まった。

AFTA（ASEAN 自由貿易地域）が 2002 年にでき，2003 年の第 9 回
ASEAN サミットにおいて「ASEAN 協和宣言 II」を発表し，2020 年ま
でに 3 つの分野（経済，安全保障，社会及び文化）からなる共同体を構築し
ていくこととなった。

ASEAN がアジア通貨危機において有効な対策を立てられなかったの
と同様，APEC においても同じことがいえる。Ravenhill［2000］が指摘

するように既存の地域協力の無力さを露呈してしまった。次に，ASEAN 域内経済協力の段階について少し振り返る。

〈初期の段階（1976-86 年）〉

　1967 年に ASEAN が結成されて以来の最初の 9 年間（1967-75 年）は眠れる期間であった。初期段階（1976-86 年）における地域協力は貿易及び工業の 2 分野から開始された。前者は ASEAN 特恵貿易関税（PTA：Preferencial Trade Agreement：1977 年），後者においては，ASEAN 工業プロジェクト（AIP：ASEAN Industrial Project：1977 年），ASEAN 産業補完計画（AIC：ASEAN Industrail Complementation：1981 年），ASEAN 合弁事業（AIJV：ASEAN Industrial Joint Venture：1983 年）を立ち上げた。

　しかし，当時の ASEAN の域内貿易比率は約 20％と低く ASEAN 諸国間の貿易構造は競合的であった。この当時の域内経済経済協力は失敗に終わったとみられている。

〈第 3 回 ASEAN サミットと AFTA の段階（1987-2002 年）〉

　この時期それまでの輸入代替工業化政策から輸出志向型工業化政策へ転換していった。外資導入とそれによる工業化＝工業製品輸出による工業発展戦略を採用していった。1985 年以降 NIES から ASEAN へ ASEAN 直接投資が行われ外資依存の輸出志向型工業化戦略が定着していくことになった。

〈ASEAN 経済共同体を目指す段階（2003-2015 年）〉

　1997 年 12 月の「第 2 回 ASEAN 非公式サミット」において，「AEAN ビジョン 2020」及び「ハノイ行動計画」を採択して 2020 年ま

でに地域発展及び域内協力を通じた中期計画，経済のみならず政治，安全保障も含めた共同体構想を提示した。それまでの集団的外資依存輸出志向型工業化戦略から単一市場，共同市場を目指す新たな段階へと入った［石田 2014：2-30］。

　おわりに

　本章においては経済開発及び地域連携に関してどのような研究面において先行研究等があるのか。そして現実の動向の背景としていかなるものがあるのかをまず第1の問題関心とした。

　現状のなかで付加価値の取り分の大きいところに日本としていかにして比較優位を持てるようにするかが喫緊の課題である。そのために，必要となるのは，白石［2013］の指摘するように，高度人材及びグローバル人材養成のための教育政策，そしてそういう人たちを外国人も含めひきつけることができるような魅力的な街づくりなど，通商政策を大きく超える課題を探ることである。

　東南アジア諸国間の経済連携も進む。そして日系企業の進出も進む。その進出の際の関税等の利点がどのように生産拠点のシフトに効果をもたらせているのか。メコン川流域開発の進展とも関連づけてみた。

　第2に ASEAN 域内経済連携の近年の潮流をみることでそのなかの課題を洗い出し今後の課題について考察を行った。

　21世紀に入り日本は 2002 年のシンガポールとの EPA 発効以降現時点まで 15 の国・地域と EPA・FTA を締結してきている。これらのバイの交渉のみならず，いわゆるメガ FTA と呼ばれる枠組みが今後の大きな注目点である

TPP，TTIP，日欧 EPA は先進国間の貿易ルール作りに最大の意義がある。

他方，RCEP，日中韓 FTA は，アジアの事実上の経済統合におけるエンジンとなり国境を超える生産ネットワーク（国際価値連鎖）の拡大及び深化を更に促進させることをその目的としている。

まず 2013 年から本格化してきた RCEP についてであるが，RCEP は，世界人口の約半分，GDP の約 30％を占める広域経済圏を創設するものである。最終的には，FTAAP（アジア太平洋自由貿易圏）の実現を目指すものである。

当該地域をカバーする広域 EPA が実現すれば，企業にとっても最適な生産配分及び立地戦略を実現した生産ネットワークの構築が可能となる。

日中韓 FTA については，3 ヵ国間の貿易及び投資を促進することのみをその役割としているわけではない。FTTAP（アジア太平洋自由貿易圏）の実現にも大きく影響してくるものであり，重要なフレームワークである。

2013 年 3 月にその交渉が開始された。そして 2015 年 11 月 1 日にソウルで開催された日中韓首脳会議において，今後の日中韓 FTA 交渉・東アジア地域包括的経済連携（RCEP）交渉については，東アジア経済統合の重要な柱として，包括的かつ高いレベルの協定の早期妥結を目指し，引き続き精力的に交渉を進めていくことで進んでいる（外務省ホームページより）。

日中韓 FTA は，国境を超える生産ネットワーク（国際価値連鎖）の拡大及び深化を更に促進させることをその目的としている。今後いかにこのなかで付加価値をもたらすことができるかが課題である。そのための

枠組み作りをいかにしていくのか。そのために現在は何が重要なのかを議論していくための土壌づくりの時期であると考えられる。2015 年 11 月の首脳会談後に交渉加速させていく予定であるが交渉が難航する気配もある。

　TPP は先進国間の貿易ルール作りに最大の意義がある。2015 年に大筋合意をみた，今後は，2016 年中に署名，日本が承認，米国議会の承認から 2017 年中には発効をめざしていく形となる。

　RCEP は，2016 年中に合意から，早期に大筋合意を目指す。

　これらのいわゆるメガ FTA に関しては，2013 年から始まったばかりの議題であり，まだ将来的な方向性を見出し，そのための道筋をいかに行うべきかが鮮明に見えてきていない。さらに今後の推移を注視していくことが肝要である。

　その際には，いわゆる "ASEAN WAY" ともいうべき「ゆるやかな連帯」をいかにして求心力を持たせていくことが可能なのか，そしてそのためにいかなる道筋を通るべきかを考える時期に来ている。

注
1）　東アジア共同体協議会 2012 年 8 月 9 日「メルマガ東アジア共同体協議会」
　　2012 年 7-8 月号，通算 49 号。
2）　経産省 HP（http://www.meti.go.jp/policy/trade_policy/east_asia/activity/
　　asean.html）（2016 年 12 月 29 日アクセス）。
3）　経産省 HP（http://www.meti.go.jp/policy/trade_policy/east_asia/activity/
　　asean.html）（2016 年 1 月 5 日アクセス）。

第 8 章

WTO と FTA・EPA 及びメガ FTA

本章は，1990 年代後半から WTO の停滞等からその動きを活発化さ
せてきた FTA 及び EPA に関して，いわゆる FTA 時代と呼ばれる今日
の動向のなかから見えるアジア太平洋地域の新たな通商秩序をその問題
関心の中心として設定して考察したものである。

は じ め に

WTO 交渉は自由化交渉より監視や紛争処理にウェートを置く現況で
あり，その交渉は頓挫している。このような状況のなか，TPP（環太平
洋経済連携協定）の浮上によりアジア太平洋地域における経済統合はいか
に進み，どのような枠組み作りが行われていくのか。

それは，当該地域が世界経済における牽引役として将来的にどのよう
に進んでいくのかをはかるための大きな手がかりとなると考えられる。

アジア太平洋地域の新たな通商秩序はどのような構図となるのか。そ
れは世界の潮流を考える重要な視点である。

また，TPP や RCEP（東アジア地域包括的経済連携）という広域 FTA の
発展をいかにして FTAAP に収斂させることができるか。

世界の潮流は TPP や RCEP といういわばメガ FTA の時代に突入し
ている。今後いかにして将来的な貿易ルールが構築されるのか，そして，
そのメガ FTA をいかにして我々は把握していくべきなのかが問われて
いる。交渉の争点はどこにあり，どこまで交渉が進み，問題はどこに存
在しているのかをみていきたい。

今後，APEC 加盟国の TPP 参加が増加する可能性が出てきている。
本章では，アジア太平洋地域の将来像をみるうえで当該地域の新たな通
商秩序を模索することでその現状と課題を考察していく。

1．東アジアの経済統合

まず，東アジア地域における経済統合という視点で考えてみたい。

経済統合という概念を考えていくときに，「事実上の統合」という視点と「制度的統合」という視点の2つにわけて考えていくという考え方がある。

前者は，各国が自発的に貿易投資の自由化を進めた結果，国境を越えた企業活動が活発となり，貿易等において域内諸国の相互依存関係がより緊密となったものととらえられる。

東アジア地域においては，1980年代半ばまで，多くの国々が輸入代替工業化政策に行き詰まり，貿易投資の自由化を進めていった。それによって当該地域内における貿易投資活動が活発化し，企業の生産拠点間を結ぶ生産・物流ネットワークが発達していくことになった。

しかし，この自発的な貿易投資に依存した形には限界がある。

国境を越え企業が自由に活動するために必要なのが，関税障壁のみならず，煩雑な通関手続き，基準認証といった非関税障壁の撤廃である。これを撤廃するためには，後者の国家間の合意に基づく「制度的統合」が効果的となる。

この制度的統合のフレームワークとしてFTAや関税同盟などがある。ASEAN諸国においては，他の東アジア諸国に先行して，1993年にASEAN自由貿易地域（AFTA）を発効させた。さらに21世紀に入ってから，当該地域でのFTAの数が急増している［黒岩 2015：221-29］。

2．GATT・WTO の時代から FTA の時代へ

　戦後の東南アジア諸国の貿易形態の変遷について概観してみる。

　東南アジア諸国は，1950 年代から 1960 年代にかけ，主要輸出品であったゴムをはじめとした一次産品の価格低迷や合成ゴム，合成繊維といった代替品の出現によって，輸出が伸び悩んだ。他方，輸入においては，工業製品が増大し，貿易収支は慢性的な赤字構造となっていた。

　工業製品の供給という側面においては，圧倒的に輸入に依存してきたが，外国製品への依存度の低下による外貨節約及び貿易収支の改善を目的とし，高関税や数量規制等を課して，輸入を制限していくことにより，国内市場参入及び獲得を目指す外資からの投資を呼び込み，国内産業の育成を図った。輸入代替工業化政策をとったわけである。

　例えば，マレーシアにおいては，国産化が行われていなかった重要業種を「創始（パイオニア）産業」と指定し，創始産業条令により，所得税減免等の恩恵を付すことで投資の奨励を行った。

　タイにおいては，1954 年の「産業奨励法」によって現在のタイ投資委員会（BOI）の前身である産業奨励委員会が設置された。産業奨励委員会においては，1959 年に外国投資を呼び込む役割の遂行を意図し，投資委員会（BOI）へと改組された。

　しかし，東南アジア諸国の各市場は，高関税及び輸入制限等において分断されたこともあり，現地組み立てを目指して進出した企業は，矮小な国内市場がすでに飽和していることに伴って，産業自体が停滞していくという事態に直面していった。

　これを契機に「輸出志向型工業化政策」へシフトしていくことになっ

た。1960年代初頭には韓国，台湾，香港，シンガポールといったNIES
が導入し，その後東南アジア諸国も導入していった。

　輸出志向型工業化政策は，部品等の中間財，資本財に関しては輸入に
依存せざるを得ないが，最終製品の輸出により外貨を得ることができ，
海外市場向けの大量生産を実現できることによって非効率な生産及び割
高な製品といった課題を解消することが可能となった。

　それに加え，大規模工場の進出に伴った雇用の確保，技術移転が現地
へ行われることになった。

　現地政府は，この輸出志向型企業を受け入れる土壌づくりのため，投
資制度を整備していった［助川 2014a：116-20］。

〈AFTA 設立〉

　1990年前後，世界における通商環境の流れは大きく変動し，ASEAN
諸国はその対応を求められることとなった。

　欧州においては，1991年に欧州連合条約に合意，92年に調印され，
欧州連合（EU）の発足となった。北米においては，米国，カナダ，メキ
シコが北米自由貿易協定（NAFTA）を1992年に署名した。

　これらに対し，ASEANでは，自らの貿易自由化及び市場統合に早期
に取り組む必要性に迫られた。これが，「ASEAN 自由貿易地域
（AFTA）」設立の背景である。当初のAFTAの目的は「輸出相手国の関
税障壁削減による自国商品の市場拡大」という意味合いではなく，「市
場一体化による投資誘致」にそのウェートが置かれていた［助川 2014b：
138-47］。

3．FTA と APEC

APEC の近年の動向をみると，2010 年の横浜ビジョンにおいて，FTAAP（アジア太平洋自由貿易圏）の形成に動き出すことが決まった。

では APEC における FTA はいかなる展開をみせてきたのか。それに加え，APEC は FTA をどのようにとらえて，対応してきたのかを考察する。

APEC は 2010 年の横浜会議において，「FTAAP への道筋」を策定した。ここでは，FTAAP は，「ASEAN＋3，ASEAN＋6 及び TPP という現在進行中の地域的取組をベースとしてさらに発展させていく」ことを実現していくことを決めた。2012 年のウラジオストック会議においても FTAAP は取り上げられ，首脳会議において，インキュベーターとして APEC の役割が確認された。

APEC はビジネス界から誕生した FTAAP を検討することで，TPP や ASEAN の役割を定めるにいたった。換言するなら，TPP 等の地域的枠組みを実現できなければ，FTAAP の実現やゴール目標の達成もないといえる。

〈RCEP と日中韓 FTA〉

2012 年から RCEP（東アジア地域包括的経済連携）というメガ FTA が登場としてきた。この RCEP は，ASEAN10 カ国及び 6 カ国（豪州，ニュージーランド，日本，中国，韓国，インド）が交渉に参加する広域的経済連携である。これは従来の ASEAN＋1 及び 6 カ国首脳が参加する ASEAN 関連首脳会議である。2012 年 11 月に立ち上げ式が行われた。

RCEP の今後の方向性としては，「RCEP 交渉の基本方針及び目的」が公表され，その冒頭においてその包括性が謳われている。そして，第1項において，WTO との整合性が掲げられている。それに加え，交渉分野は確定していないが，従来の4分野である原産地規則，関税品目表，税関手続き，及び経済協力をこえて，知的財産や競争政策などにも言及されている。TPP と同様，WTO を超越した取組みが行われる可能性がある［渥美 2013：165-75］。

4．APEC とサービス貿易

ここでは，APEC とサービス貿易に関してみていくことにする。

APEC をその母体としてできた TPP（環太平洋経済連携協定：Trans-Pacific Strategic Economic Partnership）等を通して FTAAP が実現することにより，サービス産業は大きく変貌するといわれている。

このサービス産業とはいかなるものを指すのか。これは，ふれることができない経済的な付加価値を生産する産業のことであり，形がなく，目に見えない活動である。この点でモノの生産とは明確に区別される。

具体的には，輸送，金融，通信，流通，飲食，医療，経済，研究，建設，法務・会計，情報処理・調査等の企業活動をサポートするサービスや，理容・美容，冠婚葬祭など企業活動をサポートするサービスである。そして，国境をまたいでこのサービスの売買を行うのがサービス貿易である。

サービス産業はそれ自体の重要性はもとより，製造業のためのサポーティング・インダストリーとしての側面も重要である。製造業のサポーティング・インダストリーとしてのサービスは輸送サービスのみならず，

WTO においては，大きく 12 に大分類（実務サービス，通信サービス，建設サービス及び関連のエンジニアリングサービス，流通サービス，教育サービス，環境サービス，金融サービス，健康に関連するサービス及び社会事業サービス，観光サービス及び旅行に関連するサービス，娯楽・文化及びスポーツのサービス，運送サービス，その他のサービス）している。そのうち，実務サービス，通信サービス，金融サービス，運送サービス等は製造業の活動を支えるサービスである。国境を越えて分散する生産工程間を結ぶ（リンクする）サービスにかかるコストを「サービス・リンク・コスト」と呼ぶが，輸送やその他の様々なサービスをいかに低コストで，かつ迅速に，円滑に提供できるか，そしてサービス・リンク・コストをいかに削減できるかにそのポイントがある。その舞台となるのが FTAAP であり，それを支えるのが APEC である。

　WTO はサービス貿易の形態を以下の 4 つのモードに分類している。

　　第 1 モード（越境取引）：ある国のサービス提供者が，自国にいながらにして，外国にいる消費者にサービスを売る様式。

　　第 2 モード（国外での消費）：ある国の消費者が，外国に行き，現地のサービス提供者からサービスを購入する様式。

　　第 3 モード（商業拠点の設置）：ある国のサービス提供者が，外国に支店・現地法人などの商業拠点を設置してサービスを売る様式。

　　第 4 モード（自然人の移動）：ある国のサービス提供者が，社員や専門家を外国に派遣して，外国にいる消

費者にサービスを売る様式。

　この4つのうち，第2モード（国外での消費）が最も自由化が容易である。第3モード（商業拠点の設置）は自国企業との競合がある可能性があり，政府は部分的かつ短期的な利益を優先するために保護的な措置を取りやすくなる。

　FTAAPによるサービス貿易の自由化を強力にサポートしているのがAPECである。サービス貿易の環太平洋域内における自由化に大きく関連し，APECは，2010年に「APECサプライ・チェーン・コネクティビティ・イニシアティブ（APEC Supply Chains Connectivity Initiatives）」の強化を打ち出した。これを向上させることで，環太平洋における多極点・多段階の生産活動が可能となる。日本においても，サービス分野における市場開放が遅れており，このイニシアティブを通じたサービス貿易拡大の具体的な政策課題をリードするべきである［石戸 2013：178-85］。

5．TPPの特徴とその影響

　TPPの第1の特徴はアジア太平洋の広範をカバーする広域性である。

　第2の特徴は，包括性である。TPPもFTAであるので，モノの貿易に関しては関税撤廃により，市場アクセスをドラスティックに改善することを目的とする。サービス貿易に関しても，例外的に内国民待遇を付与されないサービス・セクターを例示し，それ以外については，原則，外国のサービス提供者にも内国民待遇を付与する「ネガティブリスト・アプローチ」により，スピード感を有しつつ，サービス貿易の自由化を目指すこととなる。TPPはこのようなモノ及びサービスの自由化に加

えて，通商ルールを新規に生み出す可能性を秘めている［渡邊 2013：311-312］。

第3の特徴は，戦略性である。アジア太平洋をカバーする経済圏であるFTAAPの構築である。

TPP交渉ではいくつかの争点が存在している。特に交渉が難航しているのが，物品市場アクセス，知的財産権，競争政策，環境の4つの分野であるとされている［渡邊 2015：9-29］。

では，ここでTPPへの参加によってどのような相乗効果があるのか検討する。

TPP交渉への参加，日中韓FTA，RCEP（Regional Comprehensive Economic Partnership：東アジア地域包括的経済連携），EUとのFTA交渉の4点が日本にとって喫緊の課題である。TPPを先行させることにより，他のFTA締結交渉において日本のイニシアティブを発揮することが期待されている。

次に，避けられない国内の規制緩和や制度改革といった点について検討する。

日本においては，TPP参加に伴って，農業改革や規制緩和といった様々な国内改革が必要となってくる。しかし，それらの改革はTPP交渉参加に伴った形での外圧により行われるべきものではない。

改革の必要性は以前から国内で認識されてきたことであり，今まで進展しなかったのは圧力団体等の利害が絡み，国内調整が困難となり，先送りされてきたことに起因する。

TPP交渉によって日米関係が変貌する可能性はあるだろうか。

世界経済の牽引役を果たしているのは中国をはじめとした東アジア諸

第8章　WTO と FTA・EPA 及びメガ FTA　*143*

国である。米国はこの地域を取り込むことこそ米国経済の成長に欠かせないと考えている。それゆえ，米国においては，米国抜きでの東アジア経済統合に向けた動向をけん制するという意味において，TPP をてことして FTAAP（Free Trade Area of Asia Pacific：アジア太平洋自由貿易圏）を実現させることを意図している。米国が TPP を主導している理由として，TPP に入っている WTO プラスの貿易及び投資ルールが，アジア太平洋地域において新たな通商秩序の基盤となる可能性が高いことが挙げられる。

　それに加えて，TPP を主導することは，中国の台頭に対抗し，東アジア地域における米国の地政学的影響力を回復することになるという利点がある。米国が東アジア地域から締め出されることへの懸念から，中国に対抗する意味合いもある。TPP 交渉の今後を見守る必要性がある［馬田 2013：272-84］。

　TPP という単語が，メディアなどにしばしば取り上げられている。日本の TPP 交渉への参加は，中国の FTA 政策やアジアの経済統合にいかなる影響を与えるか。

　第 1 に挙げられるのが，ASEAN を軸とした広域経済統合構想である。この構想が遅れていた大きな理由としてあげられるのは，ASEAN＋3 を 2004 年に提唱した中国と，ASEAN＋6 を 2006 年に提唱した日本との 2 つの枠組みの並存があった。しかし，2012 年 11 月の東アジア首脳会議において，「ASEAN＋6」を新たな「東アジア地域包括的経済連携」（Regional Comprehensive Economic Partnership in East Asia：RCEP）とすることで妥協が成立した［渡邊 2013：306-15］。

　第 2 に日中韓 FTA である。これに関しては，2010 年から産官学の研究会がスタートし，2011 年 12 月に最終報告書が提出され，2013 年 3 月

に公式協議が開始された。

第3に RCEP である。

日本の視点から FTA をみれば，中国を含む日中韓 FTA，RCEP は，知的財産権の分野等において高いレベルでの合意を達成することは難しい状況である。

東アジア地域は，日中韓 FTA，RCEP において関税撤廃をめざし，TPP で高度な内容を目指していくという方向に進むのではないかと思われる［中島 2013：88-98］。

お わ り に

本章では，TPP や RCEP（東アジア地域包括的経済連携）という広域 FTA の発展をいかにして FTAAP に収斂させることができるかということを問題関心の核としてきた。世界の潮流は TPP や RCEP といういわばメガ FTA の時代に突入している。これからいかにして将来的な貿易ルールが構築されるのか，そして，そのメガ FTA をいかにして把握していくべきなのかが問われている。交渉の争点はどこにあるか，どこまで交渉が進み，問題はどこに存在しているのかを考察してきた。

TPP がメディア等においてしばしば取り上げられている。ここでは TPP の特徴をまとめてみる。

TPP の第1の特徴は，アジア太平洋の広範をカバーする広域性である。

第2の特徴は，包括性という点にある。

第3の特徴は，戦略性である。アジア太平洋をカバーする経済圏である FTAAP の構築である。

第 8 章　WTO と FTA・EPA 及びメガ FTA　*145*

　次に，2012 年から本格化したメガ FTA である RCEP（東アジア地域包括的経済連携）についてまとめてみる。

　RCEP は，ASEAN10 カ国及び 6 カ国（豪州，ニュージーランド，日本，中国，韓国，インド）が交渉に参加する広域的経済連携である。2012 年 11 月に立ち上げ式が行われた。

　交渉分野は確定していないが，従来の 4 分野である原産地規則，関税品目表，税関手続き，及び経済協力をこえて，知的財産や競争政策などにも言及されている。TPP と同様，WTO を超越した取組みが行われる可能性がある。

　また，APEC をその母体としてできた TPP 等を通して FTAAP が実現することにより，サービス産業は大きく変貌するといわれている。

　このサービス産業とは，ふれることができない経済的な付加価値を生産する産業のことであり，形がなく，目に見えない活動である。この点でモノの生産とは明確に区別される。

　国境をまたいでこのサービスの売買を行うのがサービス貿易である。

　サービス産業はそれ自体の重要性はもとより，製造業のためのサポーティング・インダストリーとしての側面も重要である。製造業のサポーティング・インダストリーとしてのサービスは輸送サービスのみならず，国境を越えて分散する生産工程間を結ぶ（リンクする）サービスにかかるコストを「サービス・リンク・コスト」と呼ぶが，輸送やその他の様々なサービスをいかに低コストで，かつ迅速に，円滑に，提供できるか，そしてサービス・リンク・コストをいかに削減できるかにそのポイントがある。その舞台となるのが FTAAP であり，それを支えるのが APEC である。

　ここでサービス貿易の形態を WTO が以下の 4 つのモードに分類して

いる。

第1モードは越境取引、第2モードは国外での消費、第3モードは商業拠点の設置、第4モードは自然人の移動である。

この4つのモードうち、第2モード（国外での消費）が最も自由化が容易である。第3モードは自国企業との競合がある可能性があり、政府は部分的かつ短期的な利益を優先するために保護的な措置を取りやすくなる。

FTAAPによるサービス貿易の自由化を強力にサポートしているのがAPECである。サービス貿易の環太平洋域内における自由化に大きく関連している。

APECはこの点に関して、近年どのようにフォローしているのか。

2010年に「APECサプライ・チェーン・コネクティビティ・イニシアティブ（APEC Supply Chains Connectivity Initiatives）」の強化を打ち出した。これを向上させることで、環太平洋における多極点・多段階の生産活動が可能となる。翻って、日本の現況は、サービス分野における市場開放が遅れており、このイニシアティブを通じたサービス貿易拡大の具体的な政策課題をリードすべきと考えられる。

APECにおいてFTAAPについては近年いかなる動向を示しているのか。

2010年、横浜で開催されたAPEC首脳会議において、「FTAAPへの道筋」が策定された。まず、FTAAPは、ASEAN＋3、ASEAN＋6、環太平洋パートナーシップ（TPP）協定といった現在進行している地域的な取組みを基礎として更に発展させることにより、包括的な自由貿易協定として追求されるべきことが確認されている。2014年の北京APECでは、首脳宣言の附属文書「FTAAP実現に向けたAPECの貢献のため

の北京ロードマップ」を採択・承認するとともに，「FTAAP 実現に関連する課題にかかる共同の戦略的研究」の立ち上げに合意した。2016年末までにその結果を報告をする形で進行中である。こういった点をさらに注視していくことが課題である。

補　論

メコン川流域開発と北陸企業

経済連携といえば昨今メディアを賑わせているメガ FTA の 1 つである TPP である。

米国次期大統領にドナルド・トランプ（Donald John Trump）氏が決まった現在（2016 年 11 月 20 日現在），環太平洋パートナーシップ（TPP : Trans Pcific Partnership）の発効が疑問視されている。というのは承認国全体の GDP の合計が 85％以上を占める 6 カ国が国内承認手続きを必要とする。12 カ国の GDP の 6 割を占める米国が承認できなくては発効に黄色信号が灯るからである。米国大統領選においては最終的に候補に残ったトランプ，ヒラリー・クリントン（Hillary Rodham Clinton）ともに TPP に反対の姿勢をとっていた。

この TPP は，日米 12 カ国が参加し，2015 年 10 月に米国アトランタでの閣僚会合で大筋合意した。参加国の人口は約 8 億人，GDP は世界の 40％弱を占める大規模な通商協定である。アジア地域の大規模な通商協定としては，東アジア地域包括的経済連携（RCEP : Regional Comprehensive Economic Partnership）がある。

協定は 30 章からなる。関税分野においては 99.9％の工業品の関税を撤廃する。国有企業や環境保護など幅広い分野での規定が入っている。この TPP や RCEP はメガ FTA とよばれる。ではこのような自由貿易が推進されてきたのは戦前戦後いかなる潮流があったのか。

『通商白書 2016』によれば，自由貿易推進における歴史的背景として，

> 1930 年代に蔓延した保護主義が第二次世界大戦の一因となったとの反省から，多国間の貿易自由化を目指し，1948 年に，最恵国待遇・内国民待遇を大原則とする GATT（関税及び貿易に関する一般協定）が発効した。GATT 締約国は，数次のラウンド交渉を含む 8 度

の多角的交渉を経て，相当程度の関税削減及び関税以外の貿易関連ルールの整備を実現し，1995 年には，GATT を発展的に改組して WTO（世界貿易機関）を設立した。現在 162 か国が加盟する WTO は，① 交渉（ラウンド交渉などによる WTO 協定の改定，関税削減交渉），② 監視（多国間の監視による保護主義的措置の抑止），③ 紛争解決（WTO 紛争解決手続による貿易紛争の解決）の機能を有し，多角的な貿易を規律する世界の通商システムの基盤となっている。具体的には，① WTO の交渉機能については，2001 年，WTO 設立後初のラウンド交渉として「ドーハ開発アジェンダ」が立ち上げられ，14 年経った現在に至るまで交渉が継続されている。ラウンド交渉が進まない中，ITA 拡大交渉のほか，環境物品交渉や新たなサービス貿易協定交渉といった有志国による個別ルール・分野毎の複数国間交渉（プルリ交渉）が積極的に行われている。② WTO の監視機能は，保護主義を抑止し，自由貿易体制の維持に重要な役割を果たしている。近年，世界経済の減速等を受けて，保護主義的な動きが活発化しており，保護主義監視，保護主義抑止のための政治的コミットメントが重要となっている。③ WTO の紛争解決機能は，二国間の貿易紛争を政治化させることなく中立的な準司法的手続によって解決するシステムである。WTO において，協定（ルール）の実施に係る紛争解決手続が有効に機能しており，新興国を含め，紛争解決手続の活用件数が増加している。日本もルール不整合である他国の措置による自国の不利益を解消し，先例の蓄積によってルールを発展させることを目指し積極的に活用している（『通商白書 2016』p. 308）。

　さて，本書でも焦点にあげているメコン川流域地域に目を転じてみる。

この地域はタイを中心に日系企業が進出を行っていたが，近年の状況として人件費高騰や大洪水発生に加え，反政府暴動といったマイナス要因が顕在化してきた。それに伴い，投資環境が悪化している。これを受ける形でタイ進出日系企業の中には，リスクヘッジのために周辺国にタイの生産工程の一部を移管する動きが見られるようになった。こうした中で，タイより人件費の安い CLMV に対する日本企業の関心が急速に高まっているといえる。

大木博巳［2016b］によれば，

> 外資系企業によるメコン地域での生産は，割安な労働力を活用した労働集約的な工程に特化している。生産において必要な資材・部材調達は，現地調達がほとんど期待できない。それゆえ，周辺国からの輸入に依存しているのが現状である。

当該地域の懸念材料は，第 1 に，メコン地域での賃金高騰である。主力産業のアパレルでは賃金水準が大幅に上昇している。ミャンマーでは 2015 年 9 月に最低賃金が月 3600 チャット（85 ドル）に高騰した。バングラデシュの縫製業の非熟練工の最低賃金（月額）68 ドルを上回ってしまう。ミャンマーの縫製工場における労働者の生産性はほぼ中国の 2 分の 1 程度であるという。外資系企業の間では賃金が生産性に見合っていないという不満がある。中国の労働者と比べてミャンマーでは経験が不足しており，それが生産性の低さに影響している。中国のみならずバングラデシュと比べてミャンマーの割高感がでている。

第 2 はメコンの工業化を進めるプッシュ要因である。春日尚雄福井県立大学教授が報告したように「タイ＋1」は一服している。タイに立地していた日系の労働総集約産業は，地方でも一律 300 バーツ／日へ最低

賃金が上昇したことなどで，「タイ＋1」の進出先として CLMV を選んだ。しかし，ラオスでは，「タイ＋1」型の新規進出は 2013 年をピークに，2014〜5 年以降は増えていない。既進出企業の操業度も低く，当初見込んでいたような状況にない。理由はタイの景気後退によってタイ国内の労働者不足が緩和されて，タイでの生産が有利になったと思われる。

第 3 は，産業人材の不足である。中間管理者や技術者の数の不足は致命的である。高等教育，企業内研修，職務経験の質のすべてにおいて，こうした中核人材を育てていくような社会的なインフラがまだまだ発展途上にある。人材育成は中長期的な課題である［大木 2016b］。

表補-1 は，タイ，ベトナム，中国，日本，米国の対 ASEAN，CLMV への財別に輸出動向である。

タイ，ベトナムといった国の輸出は中間財の割合が高くなってきている。これは労働集約から資本集約財へシフトしてきていることの 1 つの証左である。

図補-1 は，メコン川流域開発によるインフラ面での整備状況と経済特区を盛り込んだものである。

東西経済回廊や南部経済朗をはじめとしたインフラ開発，各経済特区の位置づけを示したものである。

では以下では，2011 年に民政移管後のミャンマーをはじめとしたメコン川流域開発のロードマップを経済産業省のホームページから引用したものを抜粋する

（1） メコン産業開発ビジョン（2016-2020）

2015 年に行われた「第 7 回日メコン経済大臣会合」において，

表補-1 タイ、ベトナム、中国、日本、米国の対 ASEAN, CLMV 財別輸出 (2014 年) (単位：10 億ドル)

国名	相手国	輸出								輸入							
		総額	素材	中間財	加工品	部品	最終財	資本財	消費財	総額	素材	中間財	加工品	部品	最終財	資本財	消費財
タイ	CLM	12.6	0.2	7.2	5.9	1.3	5.3	1.8	3.5	5.9	3.9	1.8	1.3	0.5	0.3	0.0	0.3
	カンボジア	4.5	0.1	2.8	2.2	0.6	1.6	0.5	1.1	0.6	0.1	0.4	0.0	0.3	0.1	0.0	0.1
	ラオス	4.0	0.1	2.2	2.0	0.2	1.6	0.7	0.9	1.4	0.0	1.3	1.2	0.2	0.1	0.0	0.1
	ミャンマー	4.2	0.0	2.2	1.7	0.4	2.0	0.5	1.4	3.9	3.7	0.1	0.1	0.1	0.1	0.0	0.1
	ベトナム	7.8	0.2	5.2	3.9	1.3	2.5	0.7	1.8	3.9	0.4	1.4	1.0	0.5	2.2	1.5	0.7
	ASEAN10	58.7	1.8	36.4	24.4	11.9	20.9	8.7	12.3	43.4	9.6	23.0	13.2	9.8	12.7	6.6	6.2
ベトナム	CLM	3.5	0.1	2.8	2.6	0.2	0.7	0.3	0.5	1.6	0.5	0.8	0.8	0.0	0.3	0.0	0.3
	カンボジア	2.7	0.0	2.2	2.1	0.1	0.5	0.2	0.3	0.6	0.1	0.5	0.5	0.0	0.2	0.0	0.2
	ラオス	0.5	0.0	0.4	0.3	0.0	0.1	0.0	0.1	0.8	0.3	0.5	0.5	0.0	0.0	0.0	0.0
	ミャンマー	0.3	0.0	0.2	0.2	0.0	0.1	0.0	0.1	0.1	0.1	0.0	0.0	0.0	0.0	0.0	0.0
	ASEAN10	19.1	2.7	8.8	7.1	1.7	7.7	3.8	3.8	22.9	1.1	17.0	12.2	4.8	4.9	1.7	3.2
中国	CLM	14.5	0.9	8.0	6.2	1.8	5.7	3.5	2.3	17.8	4.9	12.0	12.0	0.0	0.9	0.0	0.9
	カンボジア	3.3	0.0	2.5	2.3	0.2	0.8	0.4	0.3	0.5	0.2	0.1	0.1	0.0	0.3	0.0	0.2
	ラオス	1.8	0.8	1.3	0.4	0.9	0.6	0.5	0.1	1.8	1.4	0.4	0.4	0.0	0.0	0.0	0.0
	ミャンマー	9.4	0.4	4.2	3.5	0.7	4.3	2.5	1.9	15.6	3.4	11.6	11.6	0.0	0.6	0.5	0.6
	ベトナム	63.6	0.4	38.9	27.6	11.3	24.6	12.3	12.5	19.9	3.5	9.2	3.6	5.6	7.5	4.0	5.3
	ASEAN10	271.7	2.6	153.2	107.2	46.0	119.2	63.0	57.1	208.1	30.1	141.0	72.3	68.7	40.1	26.2	16.4
日本	CLM	1.6	0.0	0.3	0.2	0.1	1.3	0.7	0.6	1.7	0.0	0.1	0.1	0.0	1.6	0.0	1.6
	カンボジア	0.3	0.0	0.1	0.1	0.0	0.1	0.1	0.1	0.8	0.0	0.1	0.1	0.0	0.7	0.0	0.7
	ラオス	0.1	0.0	0.0	0.0	0.0	0.1	0.1	0.0	0.1	0.0	0.0	0.0	0.0	0.1	0.0	0.1
	ミャンマー	1.2	0.0	0.2	0.1	0.0	1.0	0.6	0.5	0.9	0.0	0.1	0.1	0.0	0.8	0.0	0.8
	ベトナム	11.8	0.4	7.8	4.7	3.2	3.4	2.7	0.7	15.4	2.5	5.6	2.3	3.3	7.3	0.7	6.6
	ASEAN10	104.7	0.9	71.0	37.4	33.6	29.4	23.3	6.4	115.9	15.5	63.6	46.9	16.6	34.6	10.8	24.5
米国	CLM	0.4	0.0	0.1	0.0	0.0	0.3	0.1	0.3	3.0	0.0	0.1	0.1	0.0	2.8	0.0	2.8
	カンボジア	0.3	0.0	0.1	0.0	0.0	0.3	0.1	0.1	2.8	0.0	0.1	0.1	0.0	2.7	0.0	2.7
	ラオス	0.0	0.0	0.0	0.0	0.0	0.0	0.0	0.0	0.0	0.0	0.0	0.0	0.0	0.0	0.0	0.0
	ミャンマー	0.1	0.0	0.0	0.0	0.0	0.0	0.0	0.0	0.1	0.0	0.0	0.0	—	0.1	0.0	0.1
	ベトナム	5.7	2.8	2.4	1.7	0.7	1.8	0.7	1.2	30.6	2.0	4.1	2.0	2.1	25.6	4.9	20.8
	ASEAN10	78.5	12.9	42.0	21.6	20.4	19.1	11.9	7.3	137.5	9.1	47.7	18.8	29.0	84.4	33.5	52.1

出所：大木 [2016b] (http://www.iti.or.jp/flash302.htm)。

補　論　メコン川流域開発と北陸企業　155

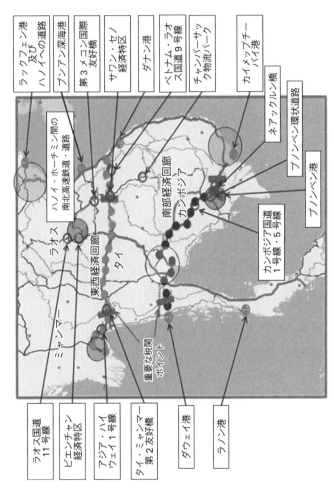

図補-1　メコン川流域の主なインフラ開発の現状

出所：経済産業省ホームページ (http://www.meti.go.jp/policy/trade_policy/east_asia/activity/nmekong.html)（2016年12月29日アクセス）。

2016年から2020年の5年間のメコン地域の産業発展の道筋とそれを実現化するための政策の方向性を提言した「メコン産業開発ビジョン」が採択されました。

経済産業省は，今後，本ビジョンに基づいた，具体的な協力案件を通して，メコン地域の今後の発展に協力してまいります。その実現のために，克服すべき課題と政策の方向性を以下のとおり示しました。

1．近隣国とのパートナーリング
2．高度な産業構造への足がかりの構築
3．地域のバリューチェーンを支えるインフラ・リソースの強化

（2）　メコン開発ロードマップ（2012-15）

2012年に行われた「第3回日メコン経済大臣会合」において，メコン開発の進捗状況を議論し，12年以降に向けた重点的な取組を確認しました。各分野における主なポイントは以下のとおりです。

1．ハード・インフラ開発
2．貿易円滑化／物流
3．中小企業，裾野産業，起業の強化
4．サービス産業・新産業分野の強化

（出所：経済産業省ホームページ（http://www.meti.go.jp/policy/trade_policy/
east_asia/activity/nmekong.html）（2016年12月29日アクセス））。

　本書の関心の1つである石川県企業とメコン川流域地域企業という視点はいかなる現状と今後の展開が考えられるか。

補論　メコン川流域開発と北陸企業　157

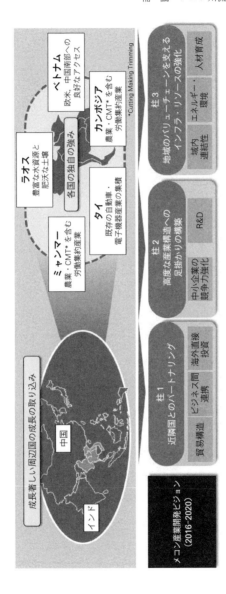

図補-2　メコン川流域における産業開発の今後

出所：経済産業省ホームページ (http://www.meti.go.jp/policy/trade_policy/east_asia/activity/nmekong.html) (2016 年 12 月 29 日アクセス)。

JETRO 金沢による石川県委託調査『石川県貿易・海外投資活動実態調査』(2015) によれば石川県内企業のなかでメコン川流域地域へ最も進出しているのが国別にみればベトナム 10 企業 20 拠点となっている。業種も情報関連，自動車，電子部品等の製造販売と多岐にわたる。

　今後ミャンマーやラオスにも進出が行われていくと思われるが，ベトナムが進出先として選択される理由については上記調査では明言されていないが，各種レポート等 (みずほ銀行，みずほ総研，SHINYREAL，三菱 UFJ リサーチ＆コンサルティング調査部等の各種レポートを参照) を総合すれば，対中投資の見直しの機運の高まりがあげられる。中国沿海部へ進出していた企業が人件費の高騰等からベトナムへシフトしていったのではないかと考えられる。具体的には，未熟練労働者の不足によりそれに伴った賃金上昇，人民元高によって輸出品価格の上昇に対して懸念が高まった。また日中の政治的な運動により反日の中国を回避しベトナムへ分散させるとともにシフトしたという見方である。ベトナムは安価で優秀な労働力を得やすいという点があげられる。ベトナムには若年労働者が 70% を占めており，生産コストが低く，品質も安定している。ベトナム生産コストは中国の半分で，タイとフィリピンの 40% となっている。

　もちろん，ベトナムによる投資環境の整備といういわゆるプル要因もあるが，どちらかいえば，対中投資の見直しといういわゆるプッシュ要因のほうが大きな要因となっていた。それに加えてインドネシアが生産性を超越する人件費の高騰や企業側に不利な労働法も影響した〔三浦 2008〕。

　堀江によれば，2013 年の投資認可額の省・市別内訳を見ると，ハノイから 40 km 北のタイグエン省，ハノイから 120 km 南のタインホア省，ハノイから 100 km 東のハイフォン市，といった地域への投資額が多い

ことがわかる。タイグエン省はサムスンの第2工場建設，タインホア省は出光興産などによる製油所の拡張，ハイフォン市はLGの家電製造工場といった案件が，それぞれの投資額の大半を占めている。以前は南北二大都市（ハノイ及びホーチミン）に集中していた海外からの投資先が大都市から外延部へと広がっていることがわかる。

その背景としてあげられるのは，第1に，ハノイやホーチミンの近郊では用地と労働力の確保が困難になりつつあることがあげられる。第2に，ODAなどにより道路・港湾インフラの整備が進んだために，ハノイやホーチミンから距離がある立地であってもロジスティクス面での不便さが低減されたことが挙げられる［堀江 2015a］。

では2011年に民政移管し「開国」をしたミャンマーにおいてはどうだろうか。

堀江によれば，ミャンマーは，長期間におよぶ国際社会からの経済制裁によってODA支援を受けられなかった。それによりタイなど比べて道路・電力といったインフラの整備が著しく遅れている。それに加え，老朽化しキャパシティーの低いインフラが，外国企業の対ミャンマー投資を拡大する上での大きなボトルネックとなっている。

また，2015年には円借款による周辺インフラ整備支援を受けた日系工業団地（ティラワ経済特区）も本格稼働した。このティラワ経済特区のインフラ整備プロジェクトが，今後もさらに増加するか否か，それに加え，実際の工事が順調に進展するかどうかが，今後のミャンマーの経済発展のスピードに大きく影響するカギである。

輸送インフラの現状を見ると，ミャンマーの道路舗装率はベトナムの1/5である。エネルギーインフラに関しては，ミャンマーの発電設備容量はベトナムの1/7に過ぎず，また，ミャンマーの電気普及率は，全世

帯の半分程度で，ベトナムやタイの半分以下にとどまる。ただ，電力に関しては，ミャンマーには，エイヤワディー川やタンルウィン川などの水量豊富な大河があるので，これらを利用した水力発電のポテンシャルは高いと見られている。とはいえ，水力発電ダム建設に適した山間地域の一部は，少数民族反政府勢力の根拠地となっていることもあり，水力発電所の建設が本格的に進展する見通しは立っていないのが現状の課題である［堀江 2015b］。

　結論的には，今後，ミャンマー等において北陸企業などが進出するためには，上下水道の整備や道路といったインフラ面での整備が望まれる。特にティラワ，ダウェー，チャオピューといった経済特区にある工業団地をはじめとした地区について製造業をはじめ進出するための基盤づくりが望まれる。それらを注目していくべきである。

略 語 一 覧

ACFA （Accelerated Co-Financing scheme with ADB） アジア開発銀行との円借款協調融
資促進枠組

ACD （Asia Cooperation Dialogue） アジア協力対話

AD （Antidumping） アンチダンピング

ADB （Asian Development Bank） アジア開発銀行

ADF （Asian Development Fund） アジア開発基金

ADVANCE （ASEAN Development Vision to Advance） ASEAN 開発ビジョン

AEC （ASEAN Economic Community） ASEAN 経済共同体

AfDB （African Development Bank） アフリカ開発銀行

AFTA （ASEAN Free Trade Area） ASEAN 自由貿易地域

AFSIS （ASEAN Food Security Information System） ASEAN 食料安全保障情報システム

AIIB （Asian Infrastructure Investment Bank） アジアインフラ投資銀行

AMEICC （ASEAN Economic Ministers and Minister of Economy, Trade and Industry of
Japan Consultations ─ Economic and Industrial Cooperation Committee ） 日・ASEAN
経済産業委員会

APEC （Asia-Pacific Economic Cooperation） アジア太平洋経済協力

APO （Asian Productivity Organization） アジア生産性機構

APRM （African Peer Review Mechanism） アフリカにおける相互審査システム

ARF （ASEAN Regional Forum） ASEAN 地域フォーラム

ASEAN （Association of South-East Asian Nations） 東南アジア諸国連合

ASEAN＋3 （ASEAN plus Three） 東南アジア諸国連合＋日中韓

ASEM （Asia-Europe Meeting） アジア欧州会合

AUN/SEED-Net （ASEAN University Network the Southeast Asia Engineering Education
Development Network） ASEAN 工学系高等教育ネットワーク

BIBF （Bangkok International Banking Facility） バンコク・オフショア市場

BIS （Bank for International Settlements） 国際決済銀行

BOI （The Thai Board of Investment） タイ貿易投資委員会

BOP （Base of the Pyramid） 開発途上国の経済ピラミッドの基盤に位置する貧困層

BRICs （Brazil Russia India China） ブラジル，ロシア，インド，中国

BRICS （Brazil, Russia, India, China, South Africa） ブラジル，ロシア，インド，中国，南アフリカ

CADP （The Comprehensive Asia Development Plan） アジア総合開発計画

CARICOM （Caribbean Community） カリブ共同体

CAN （Comunidad Andina） アンデス共同体

CBTI （Cross Boader Transport Infrastructure） 越境交通インフラ

CDC （Council for the Development of Cambodia） カンボジア開発協議会

CDP （UN Committee for Development Policy） 国連開発政策委員会

CLMV （Cambodia, Laos, Myammer, Vietnam） カンボジア，ラオス，ミャンマー，ベトナム

CMI （Chiang Mai Initiative） チェンマイ・イニシアティブ

CMIM （Chiang Mai Initiative Multilateralisation） （マルチ化された）チェンマイ・イニシアティブ

CSD （Commission on Sustainable Development） 国連持続可能な開発委員会

CSR （Corporate Social Responsibility） 企業の社会的責任

DPL （Development Policy Lending） 開発政策融資

EAC （East African Community） 東アフリカ共同体

EAS （East Asia Summit） 東アジア首脳会議

EBRD （European Bank for Reconstruction and Development） 欧州復興開発銀行

ECAFE （The United Nations Economic Commision for Asia and the Far East） 国連アジア極東経済委員会

ECB （Europian Central Bank） 欧州中央銀行

EEZ （Exclusive Economic Zone） 排他的経済水域

EFTA （European Free Trade Association） 欧州自由貿易連合

EIB （European Investment Bank） 欧州投資銀行

EMU （Economic and Monetary Union） 経済通貨統合

EPA （Economic Partnership Agreement） 経済連携協定

ESCAP （Economic and Social Commission for Asia and the Pacific） 国連アジア太平洋経済社会委員会

ESDP （European Security and Defence Policy） 欧州安全保障防衛政策

EU （European Union） 欧州連合

略 語 一 覧　　*163*

FAO　（Food and Agricultual Organization of the United Nations）　国連食糧農業機関

FASID　（Foundation for Advanced Studies on International Development）　国際開発高等教育機構

FATF　（Financial Action Task Force）　金融活動作業部会

FCDI　（Forum for Comprehensive Development of Indochina）　インドシナ総合開発フォーラム

FDI　（foreign direct investment）　対外直接投資

FEALAC　（Forum for East Asia-Latin America Cooperation）　東アジア・ラテンアメリカ協力フォーラム

FRB　（Federal Reserve Board）　連邦準備制度理事会

FTA　（Free Trade Agreement）　自由貿易協定

GAM　（Gerakan Aceh Merdeka（Free Aceh Movement））　独立アチェ運動

GATT　（General Agreement on Tariffs and Trade）　関税及び貿易に関する一般協定

GNI　（Gross National Income）　国民総所得

GNP　（Gross National Product）　国民総生産

G7　（Group of 7）　主要先進 7 ヵ国〈日・米・英・仏・独・加・伊〉

G8　（Group of 8）　G7 に露を加えた 8 ヵ国

GMS　（The Greater Mekong Subregion）　大メコン圏開発プログラム

GSP　（Generalized System of Preferences）　一般特恵関税制度

HIPC　（Heavy Indebted and Poor Countries）　重債務貧困国

IAI　（Initiative for ASEAN Integration）　ASEAN 統合イニシアティブ

IBRD　（International Bank for Reconstruction and Development）　国際復興開発銀行

IDA　（International Development Association）　国際開発協会

IDB　（Inter-American Development Bank）　米州開発銀行

IDEA　（Initiative for Development in East Asia）　東アジア開発イニシアティブ

IEA　（International Energy Agency）　国際エネルギー機関

IFC　（International Finance Corporation）　国際金融公社

IGAD　（Inter-Governmental Authority on Development）　政府間開発機構〈ソマリア〉

IGC　（Inter-Governmental Conference）　政府間会合〈欧州〉

ILO　（International Labour Organizations）　国連労働機関

IMF　（International Monetary Fund）　国際通貨基金

IMO　（International Maritime Organization）　国際海事機関

IMS　(International Monitoring System)　国際監視制度

ISAF　(International Security Assistance Force)　国際治安支援部隊

ITLOS　(International Tribunal for the Law of the Sea)　国際海洋法裁判所

ITU　(International Telecommunication Union)　国際電気通信連合

IWC　(International Whaling Commission)　国際捕鯨委員会

JAIF　(Japan － ASEAN Integration Fund)　日・ASEAN 統合基金

KEDO　(Korean Peninsula Energy Program Organization)　朝鮮半島エネルギー開発機構

JBIC　(Japan Bank for Interantional Cooperation)　国際協力銀行

JET　(Japan Exchange and Teaching Programme)　外国青年招致事業（JET プログラム）

JETRO　(Japan External Trade Organization)　日本貿易振興機構

JICA　(Japan Interantional Cooperation Agency)　国際協力機構

JPF　(Japan Platform)　ジャパン・プラットフォーム

KEDO　(Korean Peninsula Energy Program Organization)　朝鮮半島エネルギー開発機構

LDC　(Least Developed Countries)　後発開発途上国

LMI　(Lower Mekong Initiative)　メコン川下流域開発

LTTE　(Liberation Tigers of Tamil Eelam)　タミル・イーラム解放の虎

MC　(Mekong Committee)　メコン委員会

MDGs　(Millennium Development Goals)　ミレニアム開発目標

MERCOSUR　(Mercado Común del Sur)　南米南部共同市場

MIF　(Multilateral Investment Fund)　多国間投資基金

MIGA　(Multilateral Investment Guarantee Agency)　多数国間投資保証機関

MJ-CI　(Mekong-Japan Economic and Industrial Cooperation Initiative)　日メコン経済産業協力イニシアティブ

MLF　(Multilateral Fund)　多数国間基金

MNLF　(Moro National Liberation Front)　モロ民族解放戦線

MNPED　(Ministry of National Planning and Economic Development)　ミャンマー国家計画・経済開発省

MoEF　(Ministry of Economy and Finance)　カンボジア経済財政省

MRC　(Mekong River Commission)　メコン川委員会

NACCS　(Nippon Automated Cargo Clearance System)　輸出入・港湾関連情報処理システム

NAFTA　(North American Free Trade Agreement)　北米自由貿易協定

NATO （North Atlantic Treaty Organization） 北大西洋条約機構

NEACD （NorthEast Asia Cooperation Dialogue） 北東アジア協力対話

NEXI （Nippon Export and Investment Insurance） 日本貿易保険

NGO （Non-Governmental Organization） 非政府組織

NIS （New Independent State） 新独立国家

NPT （Nuclear Non-Proliferation Treaty） 核兵器不拡散条約

ODA （Official Development Assistance） 政府開発援助

OECD （Organization for Economic Cooperation and Development） 経済協力開発機構

OECD-DAC （Organisation for Economic Co-operation and Development Development Assistance Committee） 経済協力開発機構 開発援助委員会

OIC （Organization of the Islamic Conference） イスラム諸国会議機構

OPEC （Organization of the Petroleum Exporting Countries） 石油輸出国機構

PECC （Pacific Economic Cooperation Council） 太平洋経済協力会議

PIF （Pacific Islands Forum） 太平洋諸島フォーラム

PKO （Peacekeeping Operations） 国連平和維持活動

PLO （Palestine Liberation Organization） パレスチナ解放機構

PMC （ASEAN Post Ministerial Conference） ASEAN 拡大外相会議

PKO （Peacekeeping Operations） 国連平和維持活動

PMC （ASEAN Post Ministerial Conference） ASEAN 拡大外相会議

PPP （Public — Private Partnership） 官民連携事業

QAB （Qualified ASEAN Banks） 適格 ASEAN 銀行

RTA （Regional Trade Agreement） 地域貿易協定

RCEP （Regional Comprehensive Economic Partnership） 東アジア地域包括的経済連携

SAARC （South Asian Association for Regional Cooperation） 南アジア地域協力連合

SACO （Special Action Committee on Okinawa） 沖縄に関する特別行動委員会

SEZ （Special Economic Zone） 経済特別区

SSC （Security Sub-Committee） 日米安全保障高級事務レベル協議

START （Strategic Arms Reduction Treaty） 戦略兵器削減条約〈米露〉

TAC （Treaty of Amity and Cooperation in South Asia） 東南アジア友好協力条約

TASF （Technical Assistance Special Fund） 技術援助特別基金（ADB）

TCOG （Trilateral Coordination and Outsight Group） 日米韓三国調整グループ会合

TICAD （Tokyo International Conference on African Development） アフリカ開発会議

TRIPS （Agreement on Trade-Related Aspects of Intellectual Property Rights） 知的所有
権の貿易関連の側面に関する協定

UN （United Nations） 国際連合

UNAMET （United Nations Mission in East Timor） 国連東ティモール・ミッション

UNCITRAL （United Nations Commission on International Trade Law） 国連国際商取引法
委員会

UNDP （United Nations Development Programme） 国連開発計画

UNFPA （United Nations Fund for Population Activities） 国連人口基金

UNHCR （United Nations High Commissioner for Refugees） 国連難民高等弁務官事務所

UNICEF （United Nations Children's Fund） 国連児童基金

UNIDO （United Nations Industrial Development Organization） 国連工業開発機構

UNTAET （United Nations Transitional Administration in East Timor） 国連東ティモール
暫定行政機構

WB （World Bank） 世界銀行

WHO （World Health Organization） 世界保健機関

WIPO （World Intellectual Property Organization） 世界知的所有権機関

WSSD （World Summit on Sustainable Development） 持続可能な開発に関する世界首脳
会議〈ヨハネスブルグ・サミット〉

WTO （World Trade Organization） 世界貿易機関

出所：外務省ホームページ及び同省報告書，経済産業省ホームページほか報告書等を参照
し筆者作成。

参 考 文 献

〈邦文献〉

赤尾信敏 ［2011］「東アジア共同体と日本 ASEAN 関係——経済連携の拡大強化を目指せ
　　——」, 谷口誠編『東アジア共同体とは何か』桜美林大学北東アジア総合研究所。

渥美利弘 ［2013］「APEC と FTA」, 山澤逸平・馬田啓一・国際貿易投資研究会編『アジア
　　太平洋の新通商秩序—— TPP と東アジアの経済連携——』勁草書房。

安藤光代 ［2015］「ASEAN 経済統合まで半年（下）——国際生産網の深化に寄与」（日経新
　　聞経済教室）,『日本経済新聞』6 月 19 日。

飯田将史 ［2011］「南シナ海で強硬姿勢に転じる中国」『東亜』530。

石川幸一 ［2011］「FTA 包括締結で経済共同体へ」, 進藤榮一編『東アジア共同体と日本の
　　戦略』桜美林大学北東アジア総合研究所。

石川幸一 ［2012］「TPP と東アジア経済統合の構図の変化」『東亜』539。

石川幸一 ［2015］「統合を拡大・深化させる ASEAN —— AFTA から ASEAN 経済共同体へ
　　——」『季刊　国際貿易と投資』100。

石川幸一 ［2016a］「アジアの地域統合の進展と展望」, 平川均・石川幸一・山本博史・矢野
　　修一・小原篤次・小林尚朗編『新・アジア経済論——中国とアジア・コンセンサスの
　　模索——』文眞堂。

石川幸一 ［2016b］「RCEP の交渉状況と課題」『フラッシュ』285 （http://www.iti.or.jp/
　　flash285.htm）（2016 年 12 月 29 日アクセス）。

石川幸一 ［2016c］「東アジアの投資関連協定と RCEP 投資交渉への期待」『フラッシュ』
　　289 （http://www.iti.or.jp/flash289.htm）（2016 年 12 月 29 日アクセス）。

石川幸一・清水一史・助川成也 ［2013］『ASEAN 経済共同体と日本——巨大統合市場の誕
　　生——』文眞堂。

石田正美 ［2014］「ASEAN 域内経済協力の新展開とメコン地域開発」, 西口清勝・西澤信善
　　編『メコン地域開発と ASEAN 共同体』晃洋書房。

石戸光 ［2013］「APEC のサービス貿易自由化」, 山澤逸平・馬田啓一・国際貿易投資研究
　　会編『アジア太平洋の新通商秩序—— TPP と東アジアの経済連携——』勁草書房。

石戸光 ［2015］「貿易」, ジェトロアジア経済研究所・黒岩郁雄・高橋和志・山形辰史編
　　『第 3 版テキストブック開発経済学』有斐閣。

伊藤博敏［2015］「ASEAN 経済統合まで半年（上）――単一市場・生産基地，道半ば――」（日経新聞経済教室），『日本経済新聞』6 月 18 日。

猪口孝［2015］「自由貿易に向けた二個の体制（TPP と RCEP）」『季刊　国際貿易と投資』100。

岩田伸人［2014］『FTA/EPA は関税同盟へ移行するか』（上）『貿易と関税』62(11)。

岩田伸人［2015］『FTA/EPA は関税同盟へ移行するか』（下）『貿易と関税』63(4)。

上野麻子［2007］「地域貿易協定による関税自由化の実態と GATT 第 24 条の規律明確化に与える示唆」，RIETI Discusion Paper Series 07-J-039，経済産業研究所（http://www.rieti.go.jp/jp/publications/dp/07j039.pdf）（2016 年 12 月 29 日アクセス）。

馬田啓一［2013］「TPP と日米経済関係の展望」，山澤逸平・馬田啓一・国際貿易投資研究会編『アジア太平洋の新通商秩序―― TPP と東アジアの経済連携――』勁草書房。

馬田啓一［2015］「メガ FTA の潮流と日本の通商政策の課題」『国際経済』（日本国際経済学会），66。

馬田啓一・浦田秀次郎・木村福成［2016］『TPP の期待と課題』文眞堂。

浦田秀次郎［2015］「メガ FTA と WTO：競合か補完か」『季刊　国際貿易と投資』100。

大木博巳［2016a］「日本の TPP 貿易，RCEP 貿易―― TPP による対米輸出の影響――」『季刊　国際貿易と投資』104。

大木博巳［2016b］「踊り場のメコン経済――現状と展望(8) ASEAN 産業再編の始動」『フラッシュ』302。

小笠原高雪［2011］「ASEAN 二層化問題と日本――メコン地域開発への取り組み――」，黒柳米司編『ASEAN 再活性化への課題――東アジア共同体・民主化・平和構築――』明石書店。

ガネシャン・ヴィグナラジャ［2016］「TPP，RCEP の効果」『日本経済新聞』6 月 24 日。

川島哲［2012］「東アジア共同体構想からみた ASEAN 諸国の紐帯と今後の課題」，環日本海国際学術交流協会『環日本海地域の協力・共存・持続的発展』環日本海国際学術交流協会。

木村福成［2016a］「やさしい経済学　国際貿易と TPP の基礎③」『日本経済新聞』5 月 26 日。

木村福成［2016b］「やさしい経済学　国際貿易と TPP の基礎⑩」『日本経済新聞』6 月 6 日。

木村福成・大久保敏弘・安藤光代［2016］『東アジア生産ネットワークと経済統合』慶応義塾大学出版会。

木村福成・椋寛［2016］『国際経済学のフロンティア』東京大学出版会。

ギャヴィン，B.［2010］「アジアの域内貿易体制」，山下栄次編『東アジア共同体を考える
　　──ヨーロッパに学ぶ地域統合の可能性──』ミネルヴァ書房。

工藤年博［2014］「新生ミャンマーとメコン経済圏──ミッシング・リンクから結節点へ
　　──」，西口清勝・西澤信善編『メコン地域開発と ASEAN 共同体』晃洋書房。

黒岩郁雄［2015］「経済統合」，ジェトロアジア経済研究所・黒岩郁雄・高橋和志・山形辰
　　史編『第 3 版テキストブック開発経済学』有斐閣。

経済産業省編［2012］『通商白書 2012 年版──日本を活かして世界で稼ぐ力の向上のため
　　に──』勝美印刷。

経済産業省編［2015］『通商白書 2015 年版──世界とのつながりの中で広げる成長のフロ
　　ンティア──』勝美印刷。

小島清［1989］『海外直接投資のマクロ分析』文眞堂。

小島清［1990］『続・太平洋経済圏の生成』文眞堂。

小島清［1992］『応用国際経済学』文眞堂。

小島清［2003］『雁行型経済発展論　第 1 巻』文眞堂。

小島清［2004］『雁行型経済発展論　第 2 巻』文眞堂。

小島清［2006］『雁行型経済発展論　第 3 巻』文眞堂。

牛腸純和・田原隆秀・甲斐史朗［2016］「ミャンマーにおける日本企業の投資の現状，問題
　　点及び今後の展望について」『知財ぷりずむ』14(162)。

小林友彦・飯野文・小寺智史・福永有夏［2016］『WTO・FTA 法入門──グローバル経済
　　のルールを学ぶ──』法律文化社。

佐藤考一［2003］『ASEAN レジーム』勁草書房。

佐藤考一［2007］『皇室外交とアジア』平凡社。

佐藤隆広［2010］「東アジアの FTA の動きをどのように評価するか」，山下栄次編『東アジ
　　ア共同体を考える──ヨーロッパに学ぶ地域統合の可能性──』ミネルヴァ書房。

島野卓爾［1963］「B.バラッサ著　中島正信訳『経済統合の理論』」『世界経済評論』7(5)。

清水徹朗［2002］「自由貿易協定と農林水産業──アジア地域の経済連携のあり方を考える
　　──」『農村金融』55(12)。

清水徹朗［2012］「FTA の歴史・理論・現状」『2011 年度　農業・食料の世界的枠組み形成
　　と国際交渉にかかわる研究』早稲田大学日米研究機構。

清水展［2013］「コメント　東南アジア研究の現場から「越境」を考える──アセアンの可
　　能性と学際研究の必要性──」『アジア研究』59(3・4)。

白石隆［2001］『インドネシアから考える』弘文堂。

白石隆［2004］『帝国とその限界』NTT 出版。

白石隆［2013］「広域 FTA の時代⑭付加価値の『分配』最大化を」『日本経済新聞』8 月 16 日。

進藤榮一［2007］『東アジア共同体をどうつくるか』筑摩書房（ちくま新書）。

末川清・坂野光俊・山口定・宮本憲一［1998a］『戦後 50 年をどうみるか（上）』人文書院。

末川清・坂野光俊・山口定・宮本憲一［1998b］『戦後 50 年をどうみるか（下）』人文書院。

末廣昭［2003］『進化する多国籍企業』岩波書店。

末廣昭［2009］『タイ中進国の模索』岩波書店。

助川成也［2014a］「GATT/WTO の時代から FTA の時代へ，変わる日本の投資パターン」，深沢淳一・助川成也『ASEAN 大市場統合と日本―― TPP 時代を日本企業が生き抜くためには――』文眞堂。

助川成也［2014b］「FTA を軸に進む拠点再編とサプライチェーンの再構築」，深沢淳一・助川成也『ASEAN 大市場統合と日本―― TPP 時代を日本企業が生き抜くためには――』文眞堂。

助川成也［2015］「AFTA と域外との FTA」，石川幸一・朽木昭文・清水一史編『現代 ASEAN 経済論』文眞堂。

鈴木宣弘・木下順子［2011］「TPP と農業改革――もうひとつの東アジア地域統合の道」，進藤榮一編『東アジア共同体と日本の戦略』桜美林大学北東アジア総合研究所。

関沢洋一［2008］「日本の FTA 政策――その政治過程の分析――」東京大学社会科学研究所研究シリーズ No. 26，東京大学社会科学研究所。

高橋俊樹［2016］「中国の東アジア経済共同体構想と RCEP（その 2）」『世界経済評論 IMPACT』（http://www.world-economic-review.jp/impact/article689.html）（2016 年 12 月 29 日アクセス）。

高原明生・田村慶子・佐藤幸人編［2008］『現代アジア研究 1　越境』慶應義塾大学出版会。

高山俊朗［2010］「活気あふれるベトナム」『日本貿易会月報』684。

武田康裕・丸川知雄・厳善平編［2008］『現代アジア研究 3　政策』慶應義塾大学出版会。

竹中千春・高橋伸夫・山本信人編［2008］『現代アジア研究 2　市民社会』慶應義塾大学出版会。

田中清泰［2015］「海外直接投資」，ジェトロアジア経済研究所・黒岩郁雄・高橋和志・山形辰史編『第 3 版テキストブック開発経済学』有斐閣。

谷口誠編［2011］『東アジア共同体とは何か』桜美林大学北東アジア総合研究所。

玉田芳史［2010］「タイ政治混迷の構造的要因」『タイ国情報』44(5)。

丹野勲［2005］『アジア太平洋の国際経営』同文館出版。

丹野勲［2010］『アジアフロンティア地域の制度と国際経営』文眞堂。

唱新［2016］『AIIB の発足と ASEAN 経済共同体』晃洋書房。

ド・マン・ホーン［2016］「メコン川流域の経済開発と日本企業のビジネスチャンス」『桜美林論考　ビジネスマネジメントレビュー』7。

内閣府政策統括官室［2014］『世界経済の潮流 I　2014 年』日経印刷。

中川淳二［2006］「対外経済政策——日米構造協議から東アジア共同体へ——」，東京大学社会科学研究所編『小泉改革への時代——失われた 10 年を超えて（II）——』東京大学出版会。

中島朋義［2013］「中国の FTA」政策の動向—— TPP のインパクトを踏まえて——」，山澤逸平・馬田啓一・国際貿易投資研究会編『アジア太平洋の新通商秩序—— TPP と東アジアの経済連携——』勁草書房。

中村雅秀［1995］『多国籍企業と国際税制』東洋経済新報社。

中村雅秀［2010］『多国籍企業とアメリカ租税政策』岩波書店。

西川潤・平野健一郎編［2007］『東アジア共同体の構築 3　国際移動と社会変容』岩波書店。

西口清勝［2014］「ASEAN 域内経済協力の新展開とメコン地域開発」，西口清勝・西澤信善編『メコン地域開発と ASEAN 共同体』晃洋書房。

西口清勝・西澤信善編［2014］『メコン地域開発と ASEAN 共同体』晃洋書房。

西澤信善［2010］「メコン流域開発と日本の政府開発援助（ODA）——強まる日中の競合——」『立命館大学国際地域研究』32。

服部治［2005］『現代経営行動論』晃洋書房。

服部治［2016］『海外日系企業の人材形成と CSR』同文舘出版。

服部隆行［2010］「『兄弟』党・国家認識と建国初期の中国外交——中国の駐ベトナム民主共和国大使着任をめぐって」『現代中國研究』27。

羽場久美子［2011］「日中和解を基礎に繁栄探れ」，進藤榮一編『東アジア共同体と日本の戦略』桜美林大学北東アジア総合研究所。

原洋之介［2002］『第 2 版開発経済論』岩波書店。

原洋之介［2005］『東アジア経済戦略』NTT 出版。

春日尚雄［2015］「国際物流が目指すサプライチェーンの効率化——メコン地域における越境インフラ整備がもたらすもの——」，石川幸一・馬田啓一・高橋俊樹編『メガ FTA 時代の新通商戦略　現状と課題』文眞堂。

歩平編［2009］『中日関係史』（高原明生監訳），東京大学出版会。

深川由起子［1997］『韓国・先進国経済論』日本経済新聞社。

深沢淳一・助川成也［2014］「緩やかな共同体 ASEAN の死角」，深沢淳一・助川成也『ASEAN 大市場統合と日本──TPP 時代を日本企業が生き抜くには──』文眞堂。

藤岡秀英・山岡淳［2010］「フィリピンにおける NGO による社会政策の可能性」『國民經濟雑誌』202(2)。

古田元夫［1996］『ホー・チ・ミン』岩波書店。

古田元夫［2009］『ドイモイの誕生』青木書店。

堀江正人［2015a］「ベトナム経済の現状と今後の展望──高成長よりも不均衡・非効率の解消が必要なベトナム経済──」三菱 UFJ リサーチ＆コンサルティング株式会社　調査部　調査レポート。

堀江正人［2015b］「ミャンマー経済の現状と今後の展望──動き出したアジアのラスト・フロンティア──」三菱 UFJ リサーチ＆コンサルティング株式会社　調査部　調査レポート。

間瀬朋子［2010］「地縁・血縁にもとづく連鎖移動論を乗り越えて──中ジャワ州ソロ地方出身のモノ売りの事例から」『アジア経済』51(9)。

松下満雄［2015］「メガ FTA 時代における WTO の役割──WTO による FTA ネットワーク構築のすすめ──」『季刊　国際貿易と投資』100。

丸川知雄［2007］『現代中国の産業』中央公論新社。

丸川知雄［2009］『「中国なし」で生活できるか』PHP 研究所。

マング・マング・ルイン［2016］「ミャンマーにおける政治経済的課題のマスターキー：独立後 70 年の回顧と希望の未来」『世界経済評論 IMPACT』（http://www.world-economic-review.jp/impact/article671.html）（2016 年 12 月 29 日アクセス）。

三浦有史［2008］「対ベトナム直接投資の課題と展望」『RIM 環太平洋ビジネス情報』8(21)。

三木敏夫［2010］『東アジア経済発展論』創成社。

宮本謙介［1993］『インドネシア経済史研究』ミネルヴァ書房。

宮本謙介［2002］『アジア開発最前線の労働市場』北海道大学図書刊行会。

毛里和子・森川裕二編［2006］『東アジア共同体の構築 4　図説ネットワーク解析』岩波書店。

山下栄次編［2010］『東アジア共同体を考える──ヨーロッパに学ぶ地域統合の可能性──』ミネルヴァ書房。

山下一仁［2015］「WTO とメガ FTA」『季刊　国際貿易と投資』100。

柳荘熙［2010］「アジアの地域貿易協定―― 2 つの代替的モデル――」，山下栄次編『東ア
　　ジア共同体を考える――ヨーロッパに学ぶ地域統合の可能性――』ミネルヴァ書房。

吉野文雄［2012］「東アジア経済統合の選択肢―― ASEAN 共同体と TPP ――」『東亜』
　　539。

渡邊頼純［2013］「日本の通商政策と TPP」，山澤逸平・馬田啓一・国際貿易投資研究会編
　　『アジア太平洋の新通商秩序―― TPP と東アジアの経済連携――』勁草書房。

渡邊頼純［2015］「WTO 体制とメガ FTA ――アジア太平洋地域の市場統合と多国間貿易体
　　制――」，石川幸一・馬田啓一・高橋俊樹編『メガ FTA 時代の新通商戦略　現状と課
　　題』文眞堂。

〈欧文献〉

Agergaard, J., Fold, N. and K. V. Gough［2009］"Global-local interactions: socioeconomic
　　and spatial dynamics in Vietnam's coffee frontier," *The geographical journal*, 175(2).

Akerlof, G. and J. Yellen［1990］"The Fair Wage-Effort Hypothesis and Unemployment,"
　　Quarterly Journal of Economics, 105(2).

Alcala, Ely L. et al.［2007］" Collaboration among an academic institution, local
　　communities, and local government units in protecting wildelife and forest habitats in
　　southwestern Negros Island, Philippines" *Silliman journal*, 48(2).

Ando, M.［2010］"Machinery trade in East Asia and the global financial crisis," *The Journal
　　of the Korean economy*, 11(2).

Asan Ali Golam Hassan［1998］*Gerakan koperasi di Malaysia: peranan dan strategi dalam
　　pembangunan negara*, Universiti Utara Malaysia.

Asian Development Bank［2014］*Key Indicators for Asia and The Pacific 2014-45Edition*,
　　Asian Development Bank.

Aspinall, E.［2009］*Islam and nation: separatist rebellion in Aceh, Indonesia*, Stanford, Calif.:
　　Stanford University Press.

Balassa, B. A.［1961］*The Theory of Economic Integration*, London: George Allen & Unwin
　　（中島正信訳『経済統合理論』ダイヤモンド社，1963 年）.

Baldwin, R. E.［1997］"The Cause of Regionalism," *World Economy*, 20(7).

Baldwin, R.［2013］"Global supply chains: why they emerged, why they matter, and where
　　they are going," in Deborah K. Elms and P. Low eds., *Global value chains in a changing*

world, Secretariat, Switzerland: WTO publications（https://www.wto.org/english/res_
e/booksp_e/aid4tradeglobalvalue13_e.pdf#search='R.＋Baldwin＋JETRO%2FWTO2013.
7'）（2016 年 12 月 29 日アクセス）.

Barney, K. [2009] "Laos and the making of a 'relational' resource frontier," *The geographical journal*, 175(2).

Bhagwati, J. [1969] *Trade, Tariffs and Growth*, London: Weidenfeld and Nicolson.

Bhagwati, J. [1991] *The World Trading System at Risk*, Princeton, N. J.: Princeton University Press(佐藤隆三・小川春男訳『危機に立つ世界貿易体制―― GATT 再建と日本の役割――』勁草書房, 1993 年).

Bhagwati, J. [2002] *Free Trade Today*, Princeton: Princeton University Press（北村行伸・妹尾美起訳『自由貿易への道――グローバル化時代の貿易システムを求めて――』ダイヤモンド社, 2004 年).

Bhagwati, J. [2008] *Termites in the Trading System : How Preferential Agreements Undermine Free Trade*, New York: Oxford University Press.

Brooks, S. [2010] "Thailand: the age of security," *Southeast, Asia globe*, 43.

Buddhagarn Rutchatorn [2010] "Investment situations and conditions of Thai SMEs in the CLMV countries," *Asian economy and social environment*, 3.

Carnegie, M. [2010] "Living with difference in rural Indonesia: what can be learned for national and regional political agendas? "*Journal of Southeast Asian studies*, 41(3).

Center for Southeast Asian Studies [2009a] *A decade of change: toward a new model of East Asian economy, and challenges to thecurrent global economic crisis*.

Center for Southeast Asian Studies [2009] *Changing "Families"*.

Central Bank of the Philippines [各 年版] *Annual report* 1st（1949)-38th（1986）; 1987（1987)-1989（1989）; 42（1990)-44（1992）; 1st（1993)-.

Chapman, J. [2010] "The Political Economy of Landmines: View from a Minefield in North-Western Cambodia," *Economic and political weekly*, 45(36).

Chin, Y. W. [2006] "Penang small and medium enterprises ― struggle, accommodation and challenges," *Akademika, jernal ilmu kemanusiaan dan sains kemasharakatan Universiti Kebangsaan Malaysia*, 69.

Chuang, H.-L., Hsieh, N. and E. S. Lin [2010] "Labour market activity of foreign spouses in Taiwan: employment status and choice of employment sector," *Pacific economic review*, 15(4).

Crinis, V. [2010] "Sweat or no sweat: foreign workers in the garment industry in Malaysia," *Journal of contemporary Asia*, 40(4).

Dalpino, C. [2010] "Thailand: from violence to reconciliation?" *Current history*, 109(728).

Doner, R. F. [2009] *The Politics of Uneven Development: Thailand's Economic Growth in Comparative Perspective*, Cambridge; New York: Cambridge University Press.

Eder, J. F. [2010] "Muslim Palawan: diversity and difference on the periphery of Philippine Islam," *Philippine studies*, 58(3).

Fernando, M. R. [2010] "The worst of both world: commercial rice production in west ndramayu, 1885-1935," *Journal of Southeast, Asian studies*, 41(3).

Frank, Jr., C. R., Bhagwati, J. N., Shaw, R. d'A. and H. B. Malmgren [1972] *Assisting Developing Countries Problems of Debts, Burden — Sharing, Jobs, and Trade,— Overseas Development Council Studies* I, Praeger Publishers.

Frenkel, J. A., Dooley, M. P. and P. Wickham eds. [1989] *Analytical Issues in Debt*, Washington, D. C.: International Monetary Fund.

Hashim, A. ando A. Perang [1983] *Hashim Abd. Wahab Kemiskinan luar bandar: Seminar Kemiskinan Luar Bandar/anjuran AIM & KEDA dengan kerjasama Kerajaan Negeri Kedah*, Kuala Lumpur: Agricultural Institute of Malaysia.

Hill, H. and J. Menon [2010] "ASEAN Economic Integration Features Fullfillments, Failures and the Future," *ADB Working Paper Series on Regional economic Integration*, 69.

Hirsch, P. [2009] "Revisiting frontiers as transitional spaces in Thailand," *The geographical journal*, 175(2).

Jacob A. Frenkel, J. A., Dooley, M. P. and P. Wickham [1989] *Analytical Issues in Debt*, Washington, D. C.: International Monetary Fund.

Lee, G. [2009] "East Asian soft power and East Asian governance," *Journal of international and area studies*, 16(1).

Lokshin, G. [2009] "ASEAN today — view from Russia and Vietnam," *Far Eastern affairs*, 37(2).

Machlup, F. [1976] *International Payments, Debts, and Gold*, 2nd ed., New York: New York University Press.

McCarthy, J. F. and R. A. Cramb [2009] "Policy narrative, landholder engagement, and oil palm expansion on the Malaysian and Indonesian frontiers," *The geographical journal*, 175(2).

Mcleod, R. H. and R. Garnaut [1998] *East Asia in Crisis: From Being a Miracle to Needing One?* London: Routledge.

Myrdal, G. [1968] *Asian Drama: An Inquiry into The Poverty of Nations*, London: Allen Lane（板垣與一監訳『アジアのドラマ──諸国民の貧困の一研究──』上下巻，東洋経済新報社，1974 年）.

OECD［各年版］*Economic Outlook*, Paris: OECD.

Pekkasen, S. M. [2005] "Bilateralism, Multilatelalism or Regionalism? Japan's Trade Forum Choices," *Journal of East Asian Studies*, 5.

Pepelasis, A., Mears, L. and I. Adelman [1961] *Economic Development analysis & Case Studies*, New York: Harper & Brothers.

Radetzki, M. [1973] *Aid and Development A Handbook for Small Donors*, forword by Erik Lundberg, New York: Praeger Publishers.

Rao, P. K. [2000] *Sustainable Development*, Malden, Mass.: Blackwell.

Ravenhill, J. [2000] "APEC adrift: implications for economic regionalism in Asia and the Pacific," *Pacifc Review*, 13(2).

Rostow, W. W. [1971] *Politics and The Stages of Growth*, Cambridge: Cambridge University Press（高坂正堯・山野博史・戸部良一訳『政治と成長の諸段階』上下巻，ダイヤモンド社，1975 年）.

Rostow, W. W. ed. [1963] *The Economics of Take-Off into Sustained Growth*, London: Macmillan.

Rutchatorn, B. [2010] "Investment situations and conditions of Thai SMEs in the CLMV countries," *Asian economy and social environment*, 3.

Sarkar, A. [2009] "India's trade linkage with ASEAN: an econometric study," *Foreign Trade Review*, 44(1).

Simon, H. E. [1977] *The New Sscience of Management Decision*, Rev. ed., Englewood Cliffs, N. J.: Prentice-Hall（稲葉元吉・倉井武夫訳『意思決定の科学』産業能率大学出版部，1979 年）.

Smits, J. [2009] "Getting back on track," *South Eastern globe* (Cambodia's English magazine), Aug.

UNCTAD［各年版］*Bilateral FDI Statistics*, UNCTAD（http://unctad.org/en/Pages/Home. aspx）(2016 年 12 月 29 日アクセス).

Webber, D. [2001] "Two funerals and a wedding? The ups and downs of regionalism in East

Asia and Asia Pacifc after the Asian Crisis," *Pacific Review*, 14(3).

World Bank [2010] *Economic Integration in the GCC 2010*, Washington DC: World Bank (http: //siteresources. worldbank. org/INTMENA/Resources/GCCStudyweb. pdf) (2016 年 12 月 29 日アクセス).

World Bank [2014] Evaluation of the EU-TURKEY Customs Union (Report No. 85830-TR), World Bank (http: //www. worldbank. org/content/dam/Worldbank/document/eca/ turkey/tr-eu-customs-union-eng.pdf) (2016 年 12 月 29 日アクセス).

WTO [各年版] *Tariff Database*, WTO (http://tariffdata.wto.org/) (2016 年 12 月 29 日アクセス).

Yasui, T. [2014] Customs Administrations Operating Under Customs Union Systems (WCO Research Paper No. 29) World Custom Organization.

索　引

〈ア 行〉

IMF（国際通貨基金）　26, 58, 85, 115

ICO　19

アウン・サン・スー・チー　38

アキノ（Benigno S. Aquino III）　32

アジア開発銀行（ADB）　94, 109

ASEAN　13, 18, 24, 26, 56, 62, 69-71, 84, 85, 93, 94, 104, 121, 125, 126, 128, 130, 137

──共同体　70

──経済共同体（AEC）　18, 25, 84, 85, 88, 92, 100, 108, 120

──憲章　62

──諸国　51

──シングルウインドウ（ASW）　103

──地域フォーラム（ARF）　65

──中国FTA（ACFTA）　27

──＋1　127

──＋3　26, 27, 57, 58, 60, 66, 86

──＋6　66, 143

──包括的投資協定（ACIA）　51

RCEP（東アジア地域包括的経済連携）　2, 23, 33, 41, 43, 46-48, 50-52, 126, 127, 131, 134, 138, 139, 142-145, 150

RTA　24, 25, 34, 64

飯野文　15

EPA　2, 3, 15, 33, 42, 44, 96, 126, 130

EU　41

ヴァイナー，J.　8, 64

馬田啓一　22

浦田秀次郎　20

ARF強化　62

APEC　134, 139, 140, 146

AFTA（ASEAN自由貿易地域）　3, 18, 24, 27, 102, 128, 137

FTA　2, 3, 5, 11, 15, 19, 20, 24, 33-35, 42-44, 50, 52, 63, 67, 69, 70, 72, 80, 84, 96, 130, 134, 144, 150

──＋（プラス）　70

FTAAP（アジア太平洋自由貿易圏）　48, 126, 131, 138, 141-143, 146

ODA　159

オリーン，E. F.　10

〈カ 行〉

GATT　2, 3, 15-17, 33, 44, 79, 95, 150, 151

関税同盟　34

クラーク，C. G.　121

経済回廊

　東西──　113

　南部──　113

　南北──　113

ケインズ，J. M.　8

後発開発途上国（LDC）　95

小寺智史　15

小林友彦　15

〈サ 行〉

サミュエルソン，P. A.　10

JETRO　158

CLMV　18, 24, 102-104, 108, 109, 111, 116, 117, 152, 153

CBTA（越境交通協定）　111

島野卓爾　4

白石隆　130

セン，A.　121

〈タ 行〉

谷口誠　26

WTO（世界貿易機関）　2, 3, 6, 11, 15, 16, 19, 20, 24, 33, 43, 44, 50, 52, 64, 79, 95, 115, 134, 139, 140, 151

——化　15

——プラス　143

チェンマイ・イニシアティブ（CMI）　26, 57, 59, 60, 86

——マルチ化　59, 87

TTIP　2, 41, 131

TPP（環太平洋経済連携協定）　2, 20, 23, 24, 33, 35, 41, 46-52, 67, 68, 70-72, 78-80, 96, 126, 131, 134, 139, 141-145, 150

TPP の研究　35

ティラワ　98

テイン・セイン　38

〈ナ　行〉

NAFTA（北米自由貿易協定）　6, 78, 137

NIES　13, 18

二国間通貨スワップ取極（BSA）　58, 60

日欧 EPA　41, 131

日中韓 FTA　2, 23, 41, 124, 125, 127, 131, 142, 144

ネ・ウィン　38

〈ハ　行〉

バラッサ，B.　4, 5, 71

バラッサ=サミュエルソン効果　6

比較優位　123

東アジア FTA（EAFTA）　63, 80

東アジア包括的経済連携協定（CEPEA）　63

福永有夏　15

プラザ合意　18, 85

ヘクシャー，E. F.　10

ヘクシャー=オリーン・モデル　9

ペティ，W.　121

ボールドウィン，R.　42

〈マ　行〉

ミュルダール，K. G.　122

メガ FTA　2, 20, 48, 132, 134, 145, 150

メコン川流域開発（GMS）　92, 101, 104, 112, 113, 153

〈ヤ・ラ行〉

輸入代替工業化政策　136

リスト，F.　7

リーマン・ショック　76

《著者紹介》

川 島　哲（かわしま　さとし）
　　1964 年　埼玉県生まれ
　　現　在　金沢星稜大学経済学部教授

主要著書
『現代アジア経済』（単著）晃洋書房，2007 年
『アジアの地域連携戦略』（単著）晃洋書房，2011 年

経済統合と通商秩序の構築

2017 年 3 月 30 日　初版第 1 刷発行　＊定価はカバーに
　　　　　　　　　　　　　　　　　　　表示してあります

著者の了解により検印省略	著　者　川　島　　　哲Ⓒ
	発行者　川　東　義　武
	印刷者　田　中　雅　博

発行所　株式会社　晃　洋　書　房
〒 615-0026　京都市右京区西院北矢掛町 7 番地
電　話　075(312) 0788 番(代)
振替口座　01040 - 6 - 32280

ISBN 978-4-7710-2826-5　　印刷・製本　創栄図書印刷㈱

JCOPY　〈㈳出版者著作権管理機構　委託出版物〉
本書の無断複写は著作権法上での例外を除き禁じられています.
複写される場合は，そのつど事前に，㈳出版者著作権管理機構
（電話 03-3513-6969, FAX 03-3513-6979, e-mail:info@jcopy.or.jp）
の許諾を得てください.